MADAGASCAR

AU DÉBUT DU XXe SIÈCLE

EXTRAIT

CLIMAT
HYGIÈNE, MALADIES

PAR

RAPHAEL BLANCHARD

PARIS

SOCIÉTÉ D'ÉDITIONS SCIENTIFIQUES ET LITTÉRAIRES

4, RUE ANTOINE DUBOIS, VIe

1902

CLIMAT

HYGIÈNE ET MALADIES

PAR

RAPHAËL BLANCHARD

*Professeur à la Faculté de médecine de Paris,
Membre de l'Académie de médecine.*

CLIMAT

Madagascar s'étend obliquement du Nord au Sud et de l'Est à l'Ouest sur une longueur de 14°, du 12e au 26e degré de latitude Sud; les quatre cinquièmes au moins de sa longueur sont compris dans la zone tropicale, le tropique du Capricorne passant par la baie de Saint-Augustin, au-dessous de Tuléar. Un territoire aussi étendu, situé dans de telles conditions, ne peut manquer de présenter de notables variations au point de vue climatologique. En effet, on peut diviser Madagascar en plusieurs zones qui diffèrent notablement les unes des autres.

D'une façon générale, les conditions météorologiques de la cote orientale sont tout autres que celles de la côte occidentale, ce qui résulte d'une part, en ce qui concerne la côte orientale, de ce qu'elle est tournée vers l'Océan Indien et participe à son régime climatérique, d'autre part, en ce qui concerne la côte occidentale, de l'éloignement des montagnes. de la plus grande activité de la végétation et de l'abondance relative des eaux. Nous prendrons donc comme terme de comparaison les deux villes de Tamatave et de Majunga; il est indispensable encore d'envisager deux points extrêmes, tels que Diego-Suarez et Fort-Dauphin pour la région côtière, en y ajoutant Tananarive pour la région des hauts plateaux. Nous n'avons d'ailleurs pas l'intention d'entrer dans de longs détails au sujet de la climatologie; nous nous bornerons à un exposé rapide des faits essentiels qui peuvent avoir une importance particulière pour l'acclimatement des colons.

La côte malgache a la réputation d'être très insalubre, réputation qu'elle partage avec un grand nombre de vallées qui s'enfoncent plus ou moins loin dans l'intérieur de l'île. On a dit que Madagascar était le tombeau des Européens : jusqu'à ces derniers temps, on a pensé qu'une telle insalubrité tenait uniquement aux conditions climatériques, ce qui reviendrait à dire qu'elle reconnaîtrait pour cause soit la composition chimique de l'air ambiant, soit son état hygrométrique, soit les variations de la pression, de l'état électrique, de la température, etc.

On attache d'ordinaire une importance considérable à toutes ces conditions physico-chimiques : loin de moi l'intention de restreindre leur rôle outre mesure ; je dois déclarer cependant que l'insalubrité d'une région est. dans l'immense majorité des cas, déterminée par de tout autres causes. Les maladies qui déciment les colons dans les régions insalubres sont pour la plupart de nature parasitaire ; elles sont causées par des organismes vivants qui sont transmis soit par les eaux de boisson, soit par la piqûre des Insectes, soit dans des circonstances analogues.

Je traiterai plus loin cette question avec d'amples détails ; mais il était nécessaire d'indiquer dès maintenant qu'on attribue fréquemment au climat des influences pernicieuses auxquelles il reste absolument étranger. Il peut sans doute, comme on le verra, par exemple grâce à l'abondance des pluies et des eaux stagnantes, favoriser la multiplication de ces animaux propagateurs de maladies, mais il suffit de détruire ceux-là pour arrêter l'essor de ces dernières. En quoi le climat est-il alors modifié ? En rien. Quoi qu'on en pense, il n'est donc pas le vrai coupable.

Madagascar, étant situé dans l'hémisphère austral, a des saisons inverses des notres   l'hiver coïncide avec notre été et réciproquement. Comprise en grande partie dans la zone tropicale, elle n'a en réalité que deux saisons . la saison sèche et la saison des pluies. Cette dernière correspond à l'été ; néanmoins, on la connaît sous le nom d *hivernage*.

Diégo-Suarez est le centre de la région septentrionale. qui s'étend du cap d'Ambre jusqu'à la baie d'Antongil. Dans toute cette région, le climat est chaud et sec pendant la plus grande partie de l'année ; la température moyenne est d'environ 27°, le maximum étant de 31° et le minimum de 23° ; l'air est sec et contient 70 % d'humidité relative. Comme le veut la position géographique, aucune autre station de l'île ne présente une température moyenne aussi élevée. Les deux saisons sont extrêmement tranchées. Pendant la saison sèche, qui dure de mai ou juin jusqu'à décembre, le pays présente un aspect désolé; pendant la saison des pluies, la végétation est très active, les arbres et les prairies sont verdoyants, ce qui donne un aspect gracieux au paysage. Il tombe environ 700 mm. d'eau par an.

Tamatave est le centre de la région moyenne de la côte orientale. Le climat y est chaud et humide. La température moyenne est de 24°; le maximum est de 33°, en février, le minimum de 16°, en juillet; on observe une faible rémission nocturne. L'humidité de l'air est de 85 %. La saison des grandes pluies dure de la fin de novembre jusqu'en avril; les pluies sont littéralement continuelles. La saison sèche s'étend de mars ou avril jusqu'en novembre; elle n'est sèche que de nom, car elle est constamment coupée de petites pluies irrégulières; aussi a-t-on pu dire plaisamment de Tamatave qu'on y distinguait deux saisons : une saison des pluies et une saison où il pleut. Il tombe annuellement plus de 3 mètres d eau.

A Fort-Dauphin, la température moyenne est de 23°8, le maximum étant de 27° et le minimum de 18°. L'état hygrométrique de l'air est égal à 78 p. 100. Le maximum de pluie est variable; on l'observe soit en octobre, soit en janvier, soit en mars. Il tombe environ un mètre d'eau par an.

La côte occidentale a un régime météorologique bien différent; notamment les saisons y commencent et y finissent à des époques fixes; d'avril à novembre, il ne tombe pas une goutte d'eau.

Le massif central, qui comprend le Betsiléo et l'Imérina, jouit d'un climat plus doux et plus uniforme que les autres régions de l'île; les deux saisons, bien que très marquées encore, y sont moins tranchées. Tananarive est le centre de cette contrée des hauts plateaux; c'est aussi la localité qui a été le mieux étudiée au point de vue météorologique, grâce à la fondation d'un observatoire par le R. P. Colin. Cet établissement a fonctionné d'une façon régulière jusqu'en 1895; il en est sorti des registres d'observations publiés à Tananarive même par l'Imprimerie de la Mission catholique. Détruit pendant la campagne de 1895, il vient d'être réédifié; il va donc reprendre ses utiles travaux et nous fournir une série de documents qui, en outre de leur intérêt scientifique, ne manqueront pas d'être très utiles à la colonisation.

Tananarive se trouve située par une altitude de 1.400 mètres. La température moyenne y est de 17°7, le maximum étant de 23°3 et le

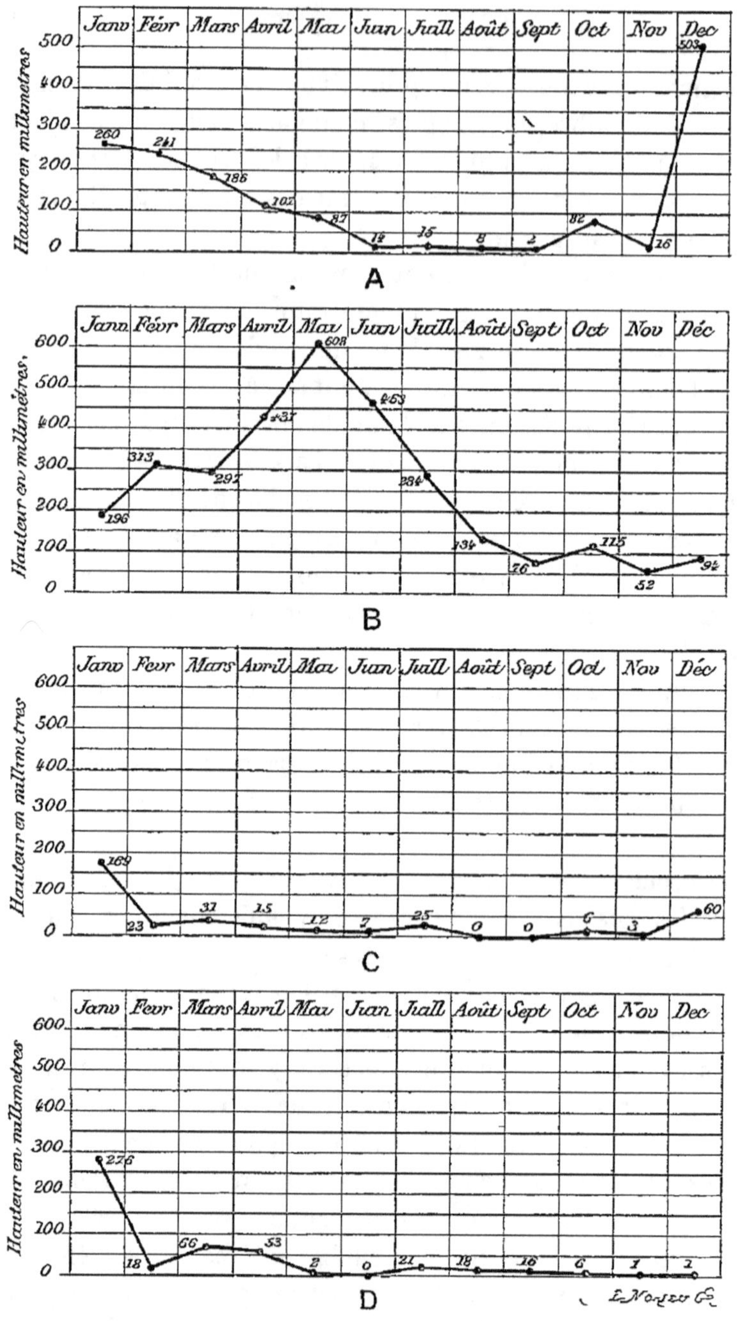

Fig. 234. — Diagrammes des pluies

A, a Tananarive (hauts plateaux), hauteur totale annuelle 1ᵐ,519 — **B**, à Tamatave (côte orientale), hauteur annuelle 3ᵐ,063 — **C**, à Nosy Ve (côte Sud-Ouest), hauteur annuelle 0ᵐ,354 — **D**, à Diego Suarez (Nord) hauteur annuelle 0ᵐ,478

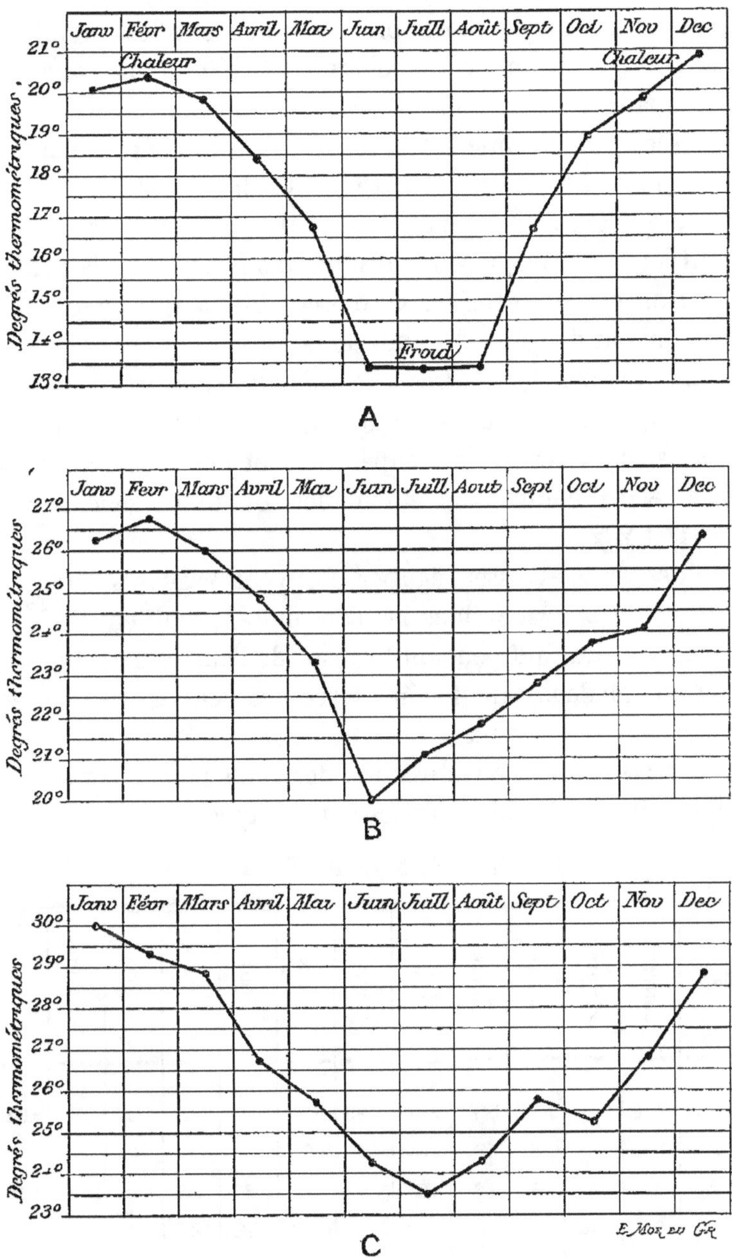

Fig, 232 — Diagrammes des moyennes thermométriques

A, a Tananarive (hauts plateaux) — **B**, a Tamatave (côte orientale)
C, a Tuléar (côte occidentale)

minimum de 15°1. Chacune des saisons dure exactement six mois ;
vers le milieu ou la fin de novembre, commencent les premières
pluies mêlées d'orages. Il tombe annuellement 1^{m}10 de pluie, quantité
très faible comparativement aux autres régions de l'île. Il existe du
reste des contrées où la pluie est encore plus rare, par exemple à
Fianarantsoa, où le pluviomètre n'accuse que 0^{m}59.

Par suite de son excellent climat, le massif central est assurément
le pays de tout Madagascar qui se montre le plus favorable à la colonisation : les Européens y rencontreront des conditions qui ne diffèrent
pas considérablement de celles du midi de la France.

Nous donnons ci-contre, d'après le *Guide du Colon à Madagascar*,
des diagrammes qui, mieux que toute description, mettent en évidence
les variations saisonnières de la température et des pluies ; ils permettent de se rendre compte facilement des conditions générales du
climat (fig. 231 et 232).

Le régime des vents est assez régulier. Les vents régnants, auxquels
on donne le nom de *moussons* dans l'Océan Indien, soufflent du Nord
pendant six mois et du Sud pendant le reste de l'année. Dans une île
aussi étendue que Madagascar, il naît à terre des vents qui se portent
vers les cotes et contrarient ceux venant du large.

Le tableau suivant montre la direction des vents pour chaque mois
de l'année, dans diverses localités prises comme types.

VENTS DOMINANTS

LOCALITÉS	JANVIER	FÉVRIER	MARS	AVRIL	MAI	JUIN	JUILLET	AOUT	SEPTEMBRE	OCTOBRE	NOVEMBRE	DÉCEMBRE
Tananarive . ..	ESE	SSE	ESE	ESE	ESE	ESE	ESE	ESE	E	E	E	ENE
Tamatave. . . .	NE	N	S	S	S	S	S	S	S	NE	SE	NE
Nosy-Ve .. .	W	W	S	S	E	S	S	S	SW	S	S	N
Diégo-Suarez	SE	SE	SE	SE	SE	SE	SE	SE	SE	SE	SE	SE
Fort-Dauphin .	NE	NE	NE	NE	NE	NE	NE	NE	NE	SE	NE	NE
Vohemar	E	E	S	S	S	S	S	S	S	S	SE	E
Fianarantsoa .	E	E	E	E	E	E	E	E	E	E	⸝E	E

Le colon peut tirer de ce tableau d'utiles notions quant à la manière d'orienter sa maison ou d'abriter ses cultures. Les indigènes tournent toutes les ouvertures de leurs cases sur la face opposée à la direction habituelle du vent; on fera bien d'imiter leur exemple.

ACCLIMATEMENT DES EUROPÉENS

Un végétal transplanté en pays étranger ne peut s'y acclimater et s'y reproduire qu'au prix de soins constants : la nature du sol n'est plus la même, le climat est différent et les conditions de la vie sont, par conséquent, tout autres que dans son pays d'origine; il a d'autant moins de chance de s'acclimater que les deux pays sont plus dissemblables au point de vue climatologique.

Il en est exactement de même pour un Européen qui s'en va vivre dans des régions exotiques . l'individu est menacé dans son existence, d'autant plus que le climat diffère davantage de celui sous lequel il est né; s'il échappe aux dangers qui résultent de ces nouvelles conditions, il pourra être frappé dans sa descendance, soit parce qu'il sera infécond. soit parce que ses enfants mourront en bas âge. Parmi ces derniers, les survivants seront doués d'une plus grande force d'acclimatement. et cette résistance augmentera de génération en génération, si bien que finalement, il se constituera une race locale, grâce à une adaptation progressive au milieu. L'espèce humaine n'échappe donc pas aux grandes lois biologiques de l'adaptation. Toutefois, l'acclimatement définitif des Européens n'est possible que dans les pays dont la température moyenne n'est pas trop élevée. L'histoire de la colonisation dans les temps modernes nous montre, en effet, que les essais d'implantation des Européens dans les divers pays ont eu des résultats très variés, suivant la nature même de ces pays.

Dans les régions voisines de l'Équateur, comme le Sénégal, le Gabon et la Cochinchine, les Européens sont incapables de se fixer d'une façon définitive et de se reproduire indéfiniment entre eux. Ils peuvent déjà constituer des familles sous des climats moins chauds, par exemple à partir du 14e degré de latitude, comme on peut le constater aux Antilles. Au-delà du 21e degré, les conditions générales sont tellement favorables qu'un grand nombre d'Européens sont d'emblée capables d'y faire souche ; tel est le cas pour Cuba, les Etats-Unis, l'Algérie. les îles Mascareignes, l'Australie et la Nouvelle-Calédonie.

On peut donc diviser les colonies en deux groupes : les unes, appartenant à la zone équatoriale, sont simplement habitables pour l'Européen ; dans les autres, qui sont situées en dehors de cette zone. les enfants nés de femmes européennes se développent et prospèrent, d'autant mieux que le pays est plus eloigné de l'Équateur. Il est intéressant de constater que, sauf peut-être pour sa pointe septentrionale, Madagascar est située tout entière dans la zone où la fécondité des Européens reste à peu près normale. Nous faisons allusion, en nous exprimant ainsi. aux régions côtières qui appartiennent au climat tropical ou subtropical ; nous ne répéterons pas ce que nous avons déjà dit des conditions éminemment favorables présentées par le massif central, qui, en raison de sa grande altitude, a un climat si heureusement analogue à celui de la France.

Quoi qu'on en ait dit par boutade, Madagascar ne mérite aucunement le surnom de « tombeau des Européens » : en dehors de la région côtière, qui est effectivement assez peu salubre, mais qu'il est très facile de rendre habitable, ainsi que je le dirai plus tard. il existe dans la grande île d'immenses territoires où l'on jouit toute l'année d'un climat très favorable. L'Européen est donc assuré, non seulement de pouvoir y vivre dans des conditions pas trop différentes de celles auquel il est habitué, mais encore de s'y multiplier.

L'idéal, d'ailleurs, n'est pas de constituer à Madagascar une population de sang français, mais bien plutot d'y créer une race de métis. qui aura le double avantage de rendre l'acclimatement plus rapide et plus complet et d'asseoir plus solidement l'influence française. Dans les pays de l'Amérique espagnole, le mélange des races s'est promptement effectué ; il en est résulté une population très particulière, participant à la fois des qualités de l'Espagnol et de l'Indien. Cette population hybride ne manque pas de charmes au point de vue plastique. elle n'est ni sans intelligence. ni sans force corporelle, ni sans fécondité ; bien au contraire, elle présente toutes ces qualités à un très haut degré. Il serait facile de rappeler le nom d'hommes ayant une telle origine et qui ont joué un rôle important dans l'armée, dans la politique, dans la littérature et même dans les arts. Un resultat tout semblable a été obtenu aux Philippines. Ce dernier exemple est pour nous plein d'enseignement, puisque les Tagals des Philippines appartiennent à la même souche ethnique que les Hovas : les uns et les autres font partie de la grande famille indo-malaise.

A Madagascar, le type anthropologique est fin et délicat, les femmes
sont gracieuses et jolies : voilà tout ce qu'il faut pour que nos colons ne
se vouent pas à un célibat irréductible, mais pour qu'ils épousent des
filles du pays et, comme dans les contes de fée, en aient beaucoup
d'enfants. C'est à cette condition seulement que la colonisation, déjà
en bonne voie, pourra prospérer et atteindre tout le développement
que comportent les richesses naturelles du pays.

CONSEILS AUX IMMIGRANTS

La plupart des mécomptes que l'on éprouve en venant s'installer
dans les colonies tiennent à ce que l'immigrant ignore les règles élé-
mentaires d'hygiène auxquelles il doit se soumettre, ou bien, par
incurie ou fanfaronnade, néglige de s'y soumettre. Il ne sera donc pas
hors de propos de donner ici quelques préceptes utiles.

On ne doit guère songer à s'expatrier avant l'âge de vingt-cinq ans.
Avant de quitter la France, il est indispensable de se soumettre à un
examen médical rigoureux et de se conformer à l'avis exprimé par le
médecin. Si l'on est absolument sain de corps, et j'ajouterai absolument
sain d'esprit, on est dans de bonnes conditions et l'on supportera, selon
toute apparence, avec plein succès, l'action du climat malgache. Mais
si le médecin a constaté quelque tare organique, par exemple, une
affection du cœur, de l'estomac, de l'instestin ou du poumon, il pourra
y avoir grand danger à venir s'installer dans les régions basses, dont le
climat est débilitant pour les individus atteints d'affections chroniques
ou subaigues. En effet, les cardiaques, les tuberculeux, les lymphatiques sont doués de peu de résistance et paient un lourd tribu à la
mort. Ces mêmes individus seront dans de bien meilleures conditions
s'ils viennent s'installer sur les plateaux, mais l'état précaire de leur
santé leur interdira de se livrer aux travaux des champs, d'affronter
l'ardeur du soleil ou les brusques changements de température, les
contraindra même à suivre un régime rigoureux, en sorte qu'il n'est
nullement désirable, pour le bien de la colonie, qu'ils viennent
augmenter le nombre des malades.

S'il s'agit de personnes ayant passé des contrats avec des Compa-
gnies de colonisation, ces dernières pourraient, de leur fait, être
induites en des dépenses ou pertes d'argent considérables, soit pour

frais de rapatriement, soit pour indemnités stipulées au contrat. On voit donc combien il est important, à tous les points de vue. de procéder à un examen médical minutieux des gens, même d'apparence valide, qui se proposent d'aller aux colonies.

L'immigrant arrivera de préférence au début de la saison sèche, alors que la température est devenue plus supportable : en avril ou en mai à Majunga et à Tamatave, au commencement de juin à Diego-Suarez. Les mois d'août et septembre sont les plus agréables, mais ils sont trop rapprochés de la saison des pluies et le temps serait trop court pour procéder aux installations les plus urgentes. On ne saurait d'ailleurs être trop convaincu que chacun porte en lui-même les conditions de son acclimatement et que le succès ou l'insuccès dépendent surtout de la santé dont on jouit et du genre de vie que l'on mène.

Les « Commandements du parfait Colon » peuvent se résumer en quelques formules :

On évitera l'ardeur du soleil dans le milieu du jour, la fraîcheur des nuits. le voisinage des marais. les excès de tout genre ; on s'abstiendra d'alcool sous toutes ses formes, on portera des vêtements de flanelle, on usera fréquemment des ablutions et l'on tâchera d'être de bonne humeur.

Sauf ce dernier point, voilà des règles très simples, qui sont à la portée de tout le monde ; fidèlement observées, elles auront la plus heureuse influence non seulement sur le moral, mais aussi sur le physique du colon. Il est superflu d en donner l'explication, car elles se comprennent d'elles-mêmes ; il en est une pourtant sur laquelle nous devons insister : c'est celle qui a trait à l abstention totale de liqueurs alcooliques.

Si l'on pouvait dresser la statistique des morts causées, dans les colonies françaises, par l'absinthe, le cognac ou autres toxiques de même origine, on arriverait à des chiffres aussi lugubres que fantastiques. C'est une erreur profonde. qu'on ne saurait combattre trop énergiquement, que de dire que l'alcool soutient l'homme et lui donne des forces : la vérité, c'est qu'il avilit son intelligence, déprime ses forces et provoque dans divers organes. notamment dans le foie. des lésions chroniques qui diminuent considérablement la résistance de l'organisme. Combien d'hépatites, d'abcès du foie, de dysenteries, etc., qu'il eût été facile de guérir et que l'alcool, en raison de son action préalable sur les viscères, a rendus promptement mortels !

Le fameux Andrianampoinimerina, premier roi hova de Tananarive et père de Radama Ier, était à peine monté sur le trône qu'il proscrivit l'usage de l'alcool ou *toaka* (1). Serions-nous à cet égard moins raisonnables que les races conquises par nous, dans l'intention de les mener sur le chemin de la civilisation?

MALADIES

Nous devons étudier maintenant les principales maladies qui s'observent à Madagascar, soit chez les indigènes, soit chez les colons. La plupart des maladies d'Europe se rencontrent dans ce pays, sans y acquérir une gravité plus grande que chez nous; il existe en outre un certain nombre de types morbides, qui rentrent dans la grande catégorie des maladies tropicales et sont généralement inconnus de l'Européen. Les uns sont des envenimations causées par la piqûre de divers animaux propres à la faune malgache, les autres des intoxications causées par des fruits, des racines ou même par la chair de certains animaux du pays; d'autres encore, et ils constituent la catégorie de beaucoup la plus importante, sont des maladies infectieuses ou parasitaires, qui peuvent revêtir le caractère épidémique ou exister au contraire en permanence dans certaines localités. Nous connaissons déjà des faits de la plus haute importance à propos de ces diverses maladies. mais ce qu'on sait n'est véritablement que fort peu de chose, en comparaison de ce qu'il nous reste à découvrir. Les pays tropicaux offrent aux investigations des hommes de science un domaine immense, sur lequel on n'a guère fait encore que poser quelques jalons : Madagascar est du nombre de ces pays où des recherches méthodiques ne manqueront pas de donner une ample moisson de découvertes importantes.

Les troupes qui ont pris part à l'expédition de 1895, lors de la conquête de l'île, ont été très durement éprouvées puisque, sur un total de 14.850 hommes de troupes régulières, il n'y a pas eu moins de 4.498 décès, soit 32 p. 100. Les rapports publiés par les médecins du corps expéditionnaire indiquent les causes diverses de cette excessive mortalité. Le feu de l'ennemi y figure pour une quantité absolument

(1) Voir plus haut, p 308

négligeable, puisque le nombre des décès par blessures ne dépasse pas
0.75 p. 100 . on sait du reste que les Malgaches n'ont pas combattu, et
que les quelques décès résultant de blessures par armes à feu ont
frappé des hommes faisant partie de postes surpris par l'ennemi ou de
patrouilles tombées dans des embuscades. La statistique suivante. tirée
d'un grand nombre d observations (1), met en évidence les principales
causes de la mortalité :

Paludisme	Cachexie paludéenne .	60	
	Accès pernicieux .	10	72 0/0
	Accès bilieux hématique.	2	
Dysenterie		8	
Fièvre typhoïde .. .		12	
Tuberculose		4	
Insolation et coup de chaleur		3	
Tetanos		0.25	
Blessures diverses		0 75	
		100	

Les décès reconnaissent donc trois causes principales : le *paludisme*
qui atteint le chiffre formidable de 72 p. 100, la *fievre typhoïde* qui
monte à 12 p. 100 et la *dysenterie* qui reste à 8 p. 100. Nous explique-
rons par la suite à quoi tient cette enorme mortalité d'origine paludique, celle-ci mise à part, on constate que l'expédition française a eu
à souffrir, et, on peut le dire, dans une proportion assez faible, des
épidémies qui d'ordinaire déciment les armées Les Anglais qui, dans
le cours du xix⁰ siècle, ont entrepris un si grand nombre de guerres
coloniales, savent bien que les maladies y sont plus dangereuses que le
feu de l ennemi. aussi, donnent-ils à de telles expéditions le nom
expressif de *campagnes médicales* « *medical wars* ». N'est ce pas le
cas de rééditer l'aphorisme de Celse : *Plus occidit aer quam gladius?*

Mais ce sont là des conditions spéciales, qui tiennent à l'agglomé-
ration des hommes, aux moyens de transport et de couchage défec-
tueux, et à d'autres circonstances qui sont bien différentes de celles que
le colon va rencontrer. D une telle statistique, on ne peut donc à peu
près rien conclure au sujet de l'état sanitaire de ce dernier

(1) Jean LEMURE, Les causes de la mortalité pendant l expedition de Mada
gascar Ann d'hyg publ et de med leg (3), xxxv, p 5 1896 — Nos pertes a
Madagascar *Ibidem,* p 533, 1896

Voyons donc quelles maladies vont pouvoir frapper le colon. En raison des déductions prophylactiques que nous devons tirer de notre étude, nous établirons tout d'abord deux grandes catégories : nous passerons en revue les maladies transmises par la piqûre des Insectes, puis celles qui sont données par l'eau de boisson. Cela fait, nous étudierons les autres affections qui peuvent présenter de l'intérêt pour l'Européen.

MALADIES TRANSMISES PAR LES MOUSTIQUES

Dans l'état actuel de nos connaissances, les Moustiques sont les principaux Insectes propagateurs des maladies : on leur doit le paludisme, la filariose et très probablement aussi la lèpre, maladies qui ne sont que trop communes à Madagascar ; en d'autres régions, ils propagent aussi la fièvre jaune, qu'il n'est pas impossible de voir un jour ou l'autre envahir les régions septentrionales de la grande île. Il est donc de la plus haute importance de connaître les mœurs de ces Insectes redoutables, ainsi que les conditions de leur destruction.

Histoire naturelle des Moustiques. — Les Moustiques sont de petits Diptères que chacun connaît : leur corps grêle et allongé, leurs longues antennes, leurs pattes longues et délicates, leur bourdonnement caractéristique ne permettent pas de les confondre avec d'autres Insectes. On les distingue surtout à leur grande trompe rigide, qui est aussi longue que la moitié du corps et se dirige en avant ; elle est accompagnée de deux appendices latéraux, qui sont les palpes et et dont la longueur varie suivant les individus. Les ailes sont couvertes d'écailles délicates, ressemblant à celles des Papillons, mais ordinairement dépourvues de colorations brillantes.

Ces animaux sont répandus à la surface entière du globe ; ils abondent surtout dans les régions chaudes et dans les pays froids ; ils ne manquent pas non plus, comme on sait, dans les climats tempérés, mais s'y tiennent de préférence au voisinage des eaux stagnantes et des marécages C'est, en effet, dans l'eau dormante qu'ils accomplissent les premières phases de leur développement, et ce fait nous rend déjà compte des relations des fièvres intermittentes avec les terrains marécageux.

Les Moustiques ont été redoutés de tous temps, à cause de leurs cuisantes piqûres ; ils ont acquis récemment une importance exceptionnelle en médecine, puisqu'ils sont les principaux, sinon les seuls agents de la propagation de diverses maladies.

La femelle fécondée vient pondre ses œufs dans l'eau : lagune, étang, mare, citerne, tonneau d'arrosage, etc. ; elle se contente souvent d'une très petite quantité d'eau, par exemple une simple flaque, comme il en peut exister à proximité des habitations. Les œufs flottent à la surface ; la manière dont ils se disposent et la forme qu'ils présentent sont assez variables pour que, par le simple examen d'une ponte, un naturaliste exercé puisse déjà reconnaître, sinon à quelle espèce elle appartient, du moins à quel genre de Moustiques appartient l'espèce pondeuse.

Il est hors de propos d'entrer ici dans des détails à cet égard : il était pourtant utile d'indiquer que l'on possède différents moyens de discerner les Moustiques qui habitent une région déterminée : les études sur ce point ne font que commencer, puisque la découverte du role important que jouent les Moustiques en médecine, et spécialement dans la médecine des pays chauds, ne date que d'hier. Un avenir prochain nous permettra de préciser ces notions, et l'histoire naturelle sera ainsi appelée à rendre à la médecine un nouveau service, qui aura pour l'hygiène publique les plus grandes conséquences. Aussi bien, l'importance de ces observations de zoologie pure va-t-elle apparaître plus clairement encore dans un instant.

De l'œuf sort une larve, qui vit dans l'eau et s'y comporte de façon diverse, suivant le genre d'Insecte auquel elle appartient. La larve des Cousins (*Culex*) est bien connue : c'est un petit animal velu, à grosse tête, présentant à l'extrémité postérieure du corps un appendice conique et asymétrique. Elle se déplace dans l'eau au moyen de gambades véritablement comiques ; elle s'incurve sur elle-même, puis se redresse brusquement et se trouve de ce fait projetée à travers l'espace liquide. De temps en temps, elle remonte à la surface, se dispose obliquement la tête en bas et met en rapport avec la surface de l'eau son appendice conique, au sommet duquel débouche l appareil respiratoire. Au bout de quelques instants, elle plonge et se remet à effectuer ses pirouettes habituelles. Bien que vivant dans l'eau, elle est incapable d'utiliser l'oxygène qui s'y trouve en dissolution : elle ne peut respirer que l'air atmosphérique.

D'autres larves sont bien différentes de celle-ci : ce sont celles des

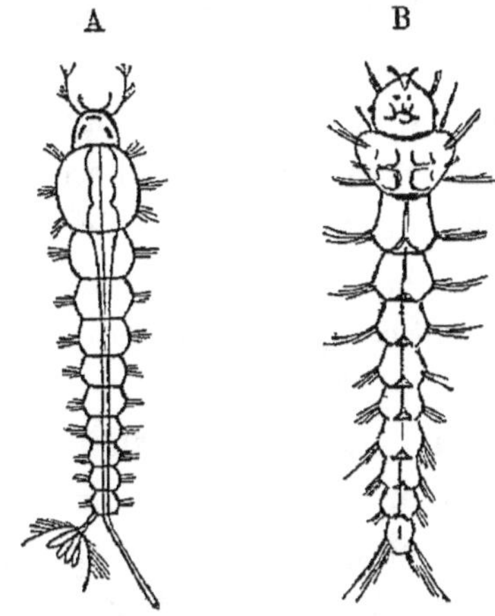

Fig 233 — Larves de Moustiques
A, *Culex* B, *Anopheles*

Anophèles (*Anopheles*). Elles flottent à la surface de l'eau, comme un fétu ; elles n'ont point d'appendice conique, mais présentent, entre les deux derniers segments de l'abdomen et à la face dorsale, deux petits orifices rapprochés de la ligne médiane, qui se tiennent ordinairement en rapport avec l'atmosphère. De telles larves restent ainsi dans une immobilité presque absolue : vient-on à les agacer, elles reculent en accomplissant des sinuosités ; le danger est-il plus grand.

elles plongent en zigzaguant, mais ne tardent pas à remonter à la surface. Elles habitent de préférence les eaux stagnantes. riches en plantes vertes, tandis que les larves des Cousins se tiennent volontiers dans les eaux croupissantes.

De par leur aspect extérieur, il est donc facile de distinguer les larves des Cousins (fig. 233, A) de celle des Anophèles (fig. 233, B; fig. 234), Ce fait a une très grande importance pratique, puisque, par le simple examen des animalcules obtenus en pêchant au filet fin dans les eaux stagnantes, on peut savoir désormais quelles sortes de Moustiques habitent la région : les larves d Anophèles sont-elles absentes, le paludisme n'est guère à craindre et le pays doit être indemne de fièvres intermittentes.

Voilà donc que le role du naturaliste dans l'étude des conditions hygiéniques d'un pays déterminé prend une singulière importance. Je dois dire que, vu la nouveauté de ces doctrines, une semblable application de l'histoire naturelle à l'hygiène commence à peine à sortir du domaine théorique ; mais, qu'on le sache bien, elle sera mise en pra-

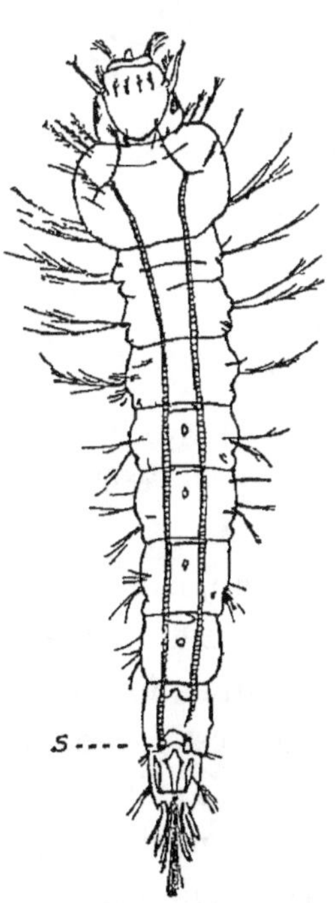

Fig 234
Larve d'Anophèle

tique dans le plus bref délai. Non seulement il est possible désormais de dire, dans les conditions indiquées tout à l'heure, s'il existe ou non des Anophèles dans un pays qu'on se propose de coloniser ; on pourra très prochainement indiquer de la façon la plus précise quelles espèces entrent en jeu et par conséquent, même dans le cas où l'on aurait trouvé des larves d'Anophèles, si celles-ci appartiennent à des espèces dangereuses ou inoffensives. En effet, les larves de chaque espèce ont des caractères distinctifs qui ne permettent pas de les confondre avec celles de l'espèce voisine.

A la larve succède une nymphe, qui vit également dans l'eau et qui est mobile, contrairement à ce qui a lieu généralement. Elle est d'une forme singulière : la partie antérieure du corps forme une masse globuleuse, surmontée de deux sortes de cornes ; la partie postérieure, qui correspond à l'abdomen, est pendante (fig. 235). Ainsi constituée, la nymphe a l'aspect d'un clou à grosse tête ou d'un point d'interrogation : elle se déplace activement dans l'eau, puis s'arrête de temps à autre ; elle remonte alors à la surface, comme le petit personnage du ludion, quand on cesse de presser sur la membrane ; elle se met en

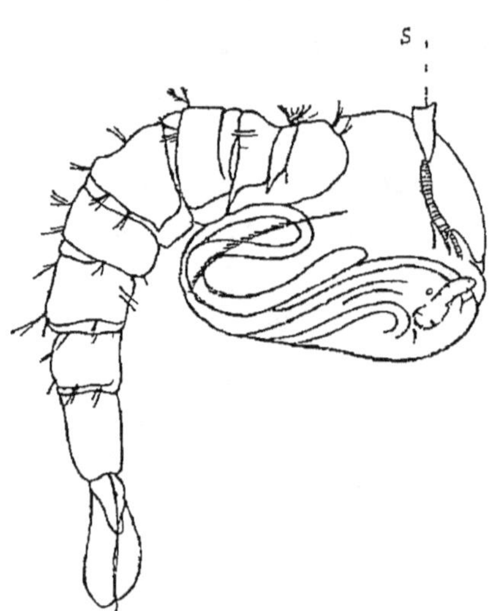

Fig 235 — Nymphe de Moustique , s, stigmate

contact avec l'air à l'aide de ses deux cornes, qui ne sont pas autre chose que la terminaison de son appareil respiratoire.

La nymphe finit par rester immobile à la surface · son tégument dorsal, qui est partiellement hors de l'eau, se dessèche et se fend, puis livre passage à l'Insecte parfait. Celui-ci étire lentement ses pattes, en prenant un point d'appui sur la dépouille de la nymphe ; il déplie ses antennes, étale ses ailes, puis s'envole. Il se met alors à la recherche de sa nourriture, qui varie suivant le sexe.

Le mâle n'a que des pièces buccales très imparfaites, qui ne lui permettent pas de percer la peau des animaux ; il se nourrit simplement du suc des plantes, et d'ailleurs une nourriture abondante ne lui est pas nécessaire, car, aussitôt qu'il s'est accouplé, son rôle est achevé et il n'a plus qu'à mourir.

La femelle, au contraire, est pourvue de stylets puissants, encore que très grêles. grâce auxquels il lui est facile de percer le tégument de l'Homme ou des animaux; aussi se nourrit-elle presque exclusivement de sang. C'est donc elle, et elle seule, qui s'attaque à nous et qui propage les divers parasites.

Dès lors, il devient intéressant de savoir distinguer les deux sexes. Rien n'est plus facile. Chez tous les deux. les antennes sont de grande taille, mais celles de la femelle sont hérissées de poils peu nombreux, tandis que celles du mâle forment de véritables panaches.

Il n'est pas inutile non plus de savoir distinguer à l'âge adulte les *Culex* des *Anopheles*. Voici un caractère très simple, qui permettra de le faire :

Chez les *Culex*, les palpes sont très courts chez la femelle, mais à peu près aussi longs que la trompe chez le mâle. Chez les *Anopheles*. ils sont aussi longs ou plus longs que la trompe dans les deux sexes.

Un autre caractère distinctif doit encore être noté ici, bien qu'il n'ait pas une valeur absolue : il tient à l'attitude qu'affecte un Moustique posé contre une paroi verticale. Les *Culex* ont alors le corps parallèle au mur, tandis que les *Anopheles* l'ont presque perpendiculaire (fig. 236).

Tous ces caractères permettront aisément de reconnaître quelles sortes de Moustiques se rencontrent dans une localité. L'absence des Anophèles sera

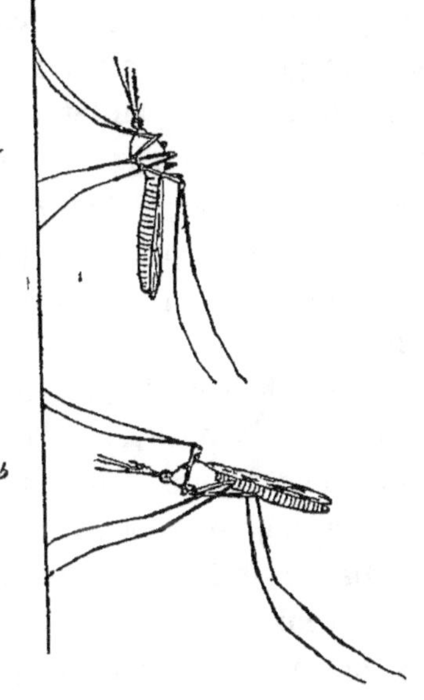

Fig 236 — Attitude des Moustiques posés sur une paroi verticale — *a, Culex, b, Anopheles*

d'un bon augure, puisqu'elle indiquera que le paludisme y est probablement inconnu. Quant à l'absence des Cousins, il n'y faut guère compter, car ces Insectes pullulent dans de trop nombreuses régions. Un prochain avenir nous apprendra à distinguer sûrement les espèces qui transmettent la filariose; et le colon soucieux de sa santé et de celle de ses ouvriers devra faire connaissance avec ses ennemis ailés.

Paludisme. — Parmi les nombreuses maladies dont puisse être victime l'Européen qui vient s'établir à Madagascar, il n'en est certainement aucune qui soit aussi redoutable que le paludisme. Cette maladie exerce ses ravages dans toute la zone tropicale; elle est tout aussi répandue dans la zone subtropicale et même dans les régions tempérées. Hier encore, le médecin était totalement désarmé en face du paludisme; il pouvait sans doute guérir plus ou moins parfaitement les malades qui en étaient atteints, mais il ignorait la source du mal et, par consequent, était incapable de le prévenir. Dans ces conditions désastreuses, le paludisme avait beau jeu et le nombre de ses victimes était véritablement terrifiant. Aujourd'hui, il n'en est plus de même : depuis trois ans au plus, nos connaissances sur les causes de la prophylaxie du paludisme ont fait des progrès considérables, grâce auxquels cette redoutable endémie passe définitivement dans la catégorie des maladies évitables.

En 1894, le Dr Jaillet (1) attribuait au paludisme les trois quarts des maladies qu'il observait sur la cote orientale : les formes quotidienne et tierce ne sont pas très rares, mais la fièvre peut revêtir les aspects les plus divers; la forme bilieuse est la plus fréquente; la quinine, même à dose moyenne, en a facilement raison.

Pour le plateau central, suivant le Dr Villette, la fièvre intermittente à forme larvée est de beaucoup la plus fréquente; les accès sont généralement bénins, du moins à Tananarive et aux environs. La maladie est déjà plus grave à Itaosy dans l'Ouest, à Ankeramadinika et sur la lisière de la forêt de l'Est, à Tsinjoarivo dans le Sud et dans le pays de Vouizongo dans le Nord. Dans cette dernière région, les indigènes ont presque tous une grosse rate, d'où le nom de *Bekibo* qui leur est donné.

Sur la cote occidentale, la fièvre intermittente est encore plus répandue, puisque le Dr Lacaze estimait de 80 à 90 pour 100 la part qui lui revient dans la production des maladies. Là encore, elle se présente sous des aspects divers : fièvres quotidiennes, atypiques,

<hr>

(1) Notes sur la climatologie, les maladies et sur l'hygiène a Madagascar *Annuaire de Madagascar pour 1894* Tananarive, in 8°, 1894, p 127-155 — L'étude de la côte orientale, p 127-141, a été redigée par le Dr JAILLET, celle du plateau central, p 142 145, par le D^r T VILLETTE, celle de la côte occidentale, p 146 155, par le Dr LACAZE.

pernicieuses, fièvre rémittente bilieuse, névralgie palustre, paludisme chronique.

Tel était l'état sanitaire avant la campagne de 1895. Résumons-le en disant que la région côtière est très insalubre, particulièrement la côte occidentale. tandis que le plateau central, sans être entièrement indemne de paludisme, présente à l'Européen de bonnes conditions d'habitabilité.

La campagne de 1895 a été conçue et exécutée d'une façon qu'on ne saurait, au point de vue médical, qualifier trop sévèrement. La mortalité parmi nos troupes a été littéralement effroyable, puisque, sur un effectif général de 14.850 hommes, on a enregistré 4.498 décès, soit 32 p. 100.

Ces pertes considérables sont dues exclusivement à la maladie, puisque, comme on sait, les Malgaches n'ont pas combattu. Choisir, comme on l'a fait, la voie de Majunga pour atteindre Tananarive, c'était non seulement prendre la route la plus longue, ce qui au point de vue militaire était déjà une erreur ; c'était encore et surtout condamner les troupes à séjourner dans la région la plus insalubre de l'île et les exposer sûrement au paludisme ; aussi, le triste résultat que tout médecin pouvait prévoir n'a-t-il point fait défaut.

Quoi de plus éloquent que les statistiques publiées par divers médecins du corps expéditionnaire, sous le pseudonyme collectif de Jean Lémure (1) ? On y lit, par exemple, que 0,75 p. 100 de décès sont dus à des blessures diverses, alors que le paludisme en a causé 72 p. 100. Un tel désastre eût été facilement évité, si l'on avait choisi comme lieu de concentration et de débarquement le port de Tamatave, qui est situé sur la côte orientale. Celle-ci est beaucoup plus salubre et présente en outre le très grand avantage d'être à proximité des montagnes. dans lesquelles le paludisme est beaucoup plus rare et revêt des formes bénignes.

Dans les conditions actuelles, l Européen est donc grandement exposé à contracter le paludisme, même s'il séjourne peu de temps sur le littoral et dans les régions intermédiaires. Il est exceptionnel qu'il échappe à l'une ou l'autre de ses manifestations : la « fièvre d'acclimatement » n'est pas autre chose qu'une première attaque, ordi-

---

(1) Jean LEMURE, Les causes de la mortalité pendant l'expédition de Madagascar Annales d'hygiène publique, (3), XXXV, p. 5, 1896

nairement peu grave. Quand sera construite la ligne de chemin de fer réunissant la cote à Tananarive, il sera possible de traverser rapidement la zone dangereuse et de gagner en quelques heures les régions montagneuses, dans lesquelles la maladie est rare ou inconnue. Alors vraiment. la fièvre d'acclimatement aura disparu du nombre des maladies de Madagascar et le colon pourra aborder en toute sécurité les régions salubres du plateau central, où il trouvera un état sanitaire excellent et un climat tempéré.

Est-ce donc à dire que les régions côtières de Madagascar soient condamnées à ne servir qu'au transit des hommes et des marchandises et ne puissent être habitées sans danger ?

J'ai dit plus haut que le paludisme était désormais une maladie évitable : j'aborde maintenant la démonstration de ce fait capital ; elle va nous permettre d'indiquer les précautions à prendre pour rendre habitables les régions réputées jusqu'à ce jour insalubres et meurtrières.

On sait depuis très longtemps que les fièvres intermittentes sévissent de préférence dans les régions marécageuses ; c'est pour cette raison qu'on donne communément en médecine le nom de *paludisme* à cette maladie. On a remarqué aussi qu'elles éclataient fréquemment à la suite de travaux effectués dans le sol, tels que tracés de routes, nivellement de terrains, etc., d'où le nom de *tellurisme*, pour rendre compte de cette étiologie spéciale. Aucune de ces deux conceptions n'étant d accord avec tous les faits observés, on a pensé de même que la fièvre était d'origine miasmatique, c'est-à-dire causée par une substance chimique ou un agent figuré qui se propageait par l'air : le nom de *malaria*, par lequel les Italiens la désignent, résulte de cette interprétation.

Trois grandes théories étaient donc en présence pour expliquer l étiologie de la fièvre intermittente, quand, en 1880, le Dr Laveran. alors médecin de l'hopital militaire de Constantine, découvrit la véritable cause de la maladie. Cette cause réside en un petit organisme parasitaire, qui vit dans les globules rouges du sang et qui s'y présente, ainsi que dans le plasma, sous différents aspects. Si l'on songe que le globule rouge n'a pas un diamètre supérieur à 7 µ (1) ou 7 millièmes

---

(1) En micrographie, on désigne par la lettre grecque µ le millième de millimetre pris comme unité de mesure

de millimètre (0^{mm}007), on est frappé d'étonnement en constatant la taille infime du parasite, qui est encore plus petit que le globule dans lequel il se loge. Il fallait donc, pour decouvrir un tel organisme, que les progrès de l'optique eussent mis à la disposition des observateurs des microscopes permettant d'obtenir des grossissements considérables. Cette réflexion n'est point pour atténuer le grand mérite de Laveran. il n'en demeure pas moins à l'actif de ce savant d'avoir fait connaître en son Hématozoaire (1) un type parasitaire extrêmement interessant, de l'avoir étudié avec une perséverance digne des plus grands éloges et d'avoir été l'initiateur des découvertes capitales dont nous allons parler.

On distingue en médecine plusieurs formes de paludisme, parfois très nettes, mais plus souvent anormales et compliquées de manifestations variables. Les trois grands types que l'on distingue sont la *fièvre quarte.* dont l'accès revient tous les trois jours, la *fièvre tierce,* dont l'accès éclate tous les deux jours, et la *fièvre quotidienne.* au cours de laquelle le malade présente un accès journalier. Laveran a cru. et pense même encore, que ces trois types sont causés par un seul et même parasite, tout au plus par de simples variétés de celui-ci. Malgré la grande déference que l'on doit à l'opinion d'un tel Maître, il nous semble préférable d'admettre qu'à chaque type fébrile correspond un Hématozoaire spécifique. Ce n'est pas ici le lieu d'entrer à cet égard dans des détails plus circonstanciés : dans notre description, nous étudierons le parasite du paludisme à un point de vue général.

Nous verrons tout à l'heure que le paludisme est inoculé par la piqûre des Moustiques et nous préciserons les conditions de cette inoculation. Le parasite, au moment où il est déverse dans la plaie produite par la trompe du Moustique, est à l'etat d'un très petit corpuscule vivant. capable d'accomplir ces obscurs mouvements de reptation qui s'observent chez tant d'êtres inférieurs et qu'on connait en histoire naturelle sous le nom de *mouvements amiboides.* La salive de l'Insecte détermine une irritation locale. qui a pour résultat de dilater les capillaires voisins et d'activer la circulation Le petit parasite est entraîne

---

(1) On donne le nom general d'*Hematozoaires* aux animaux parasites qui vivent dans le sang Ce terme n'est nullement particulier aux parasites du paludisme, il s'applique egalement a ceux de la filariose et de la bilharziose, pour ne citer que des maladies des pays chauds

par le cours du sang et se met à ramper au milieu des globules rouges.
Il s'accole à l'un d'eux, pénètre à son intérieur, s'y creuse une petite
cavité, puis se nourrit de la substance même du globule. A mesure
que le parasite grossit, la substance du globule se raréfie (fig. 237).

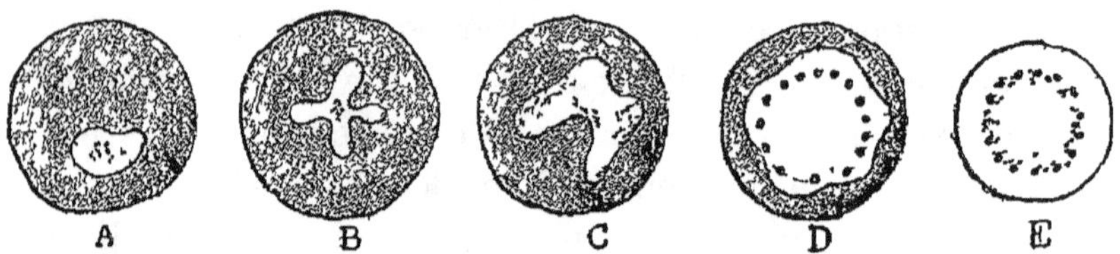

Fig 237 — Croissance de l'Hematozaire du paludisme
dans les globules rouges du sang

Puis arrive un moment où le parasite, ayant atteint sa taille definitive,
va se multiplier. Les fines granulations noires qui étaient disséminées
dans sa masse se rassemblent au centre ; à la périphérie apparaissent
des sortes d'incisures rayonnantes, qui marchent progressivement

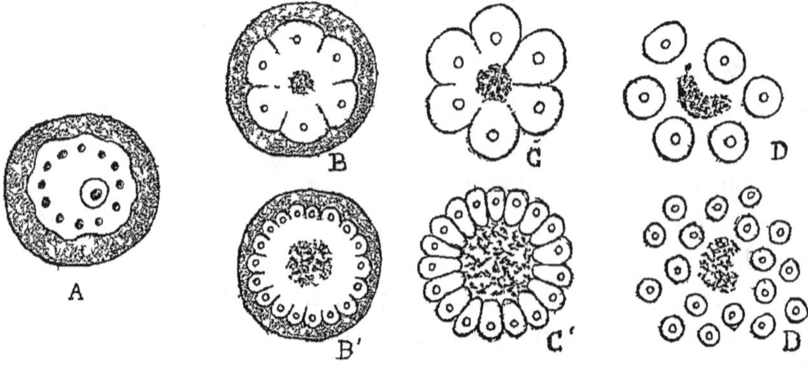

Fig 238 — Multiplication agame (par schizogonie) de l'Hematozoaire [du
paludisme. — A, parasite adulte encore intact, B, C, D, schizogonie du
Plasmodium malariæ, parasite de la fievre quarte le parasite se divise
en six merozoïtes laissant entre eux un résidu pigmente, B', C, D , schizo
gonie du *Plasmodium vivax*, parasite de la fievre tierce le parasite se
divise en dix-huit merozoïtes.

vers le centre. En coupe optique, le parasite présente alors l'aspect
d'une rosace (fig 238).

Les « *corps en rosace* ». pour employer l'expression même de
Laveran, vont bientot se désagréger et se dissoudre en autant de corpuscules arrondis qu'il s'était formé d'incisures periphériques. Ces cor-

puscules sont mis en liberté par l'éclatement du globule rouge : ils tombent donc dans le sang, s'accolent à d'autres globules rouges, s'enfoncent dans leur substance et le cycle que nous venons de décrire s'accomplit de nouveau.

Telle est l'évolution de la Plasmodie paludique (*Plasmodium malariæ*). Les générations successives de jeunes Plasmodies, nées comme il vient d'être dit. se succèdent avec rapidité : elles sont séparées les unes des autres par un espace de 24 heures dans la fièvre quotidienne, de 48 heures dans la tierce et de 72 heures dans la quarte.

Recherchons avec quelle vitesse les Hématozoaires se multiplient dans la fièvre tierce. Admettons, comme chiffre moyen, que chaque corps en rosace donne naissance à 15 corpuscules · deux jours après l'inoculation du parasite initial, le sang renfermera donc 15 corpuscules. d'où dériveront 15 Hématozoaires de première generation; au quatrième jour. il en contiendra 15×15 ou $15^2 = 225$ de deuxième génération; au sixième jour, 225×15 ou $15^3 = 3.375$ de troisième génération : au dixième jour, $15^5 = 759.375$ de cinquième génération ; au vingtième jour, $15^{10} = 576.650.390.625$ de dixième génération. etc. Le nombre des parasites qui se développent ainsi dans le sang dépasse d ailleurs ces chiffres dans d enormes proportions : il devient véritablement fantastique, dans certaines affections graves, chaque globule rouge peut contenir un Hématozoaire, et on trouve même un bon nombre de globules qui renferment deux, trois ou quatre parasites.

Au début, les parasites sont trop peu nombreux pour manifester leur présence par aucun symptome morbide. Quand leur nombre est suffisamment élevé. on voit apparaître le premier frisson: puis la fièvre se régularise et se renouvelle périodiquement.

On discute encore sur les causes de l'accès fébrile. Pour nous, rien n'est plus facile que d'en donner la raison. En effet, la Plasmodie est un être vivant; à ce titre, elle se nourrit, en même temps qu'elle élimine des déchets chargés de substances toxiques. Ces excrétions sont d'abord accumulées autour du parasite, à l'intérieur du globule rouge; elles ne peuvent donc exercer directement aucune action sur l'organisme humain. Mais que le globule éclate, ces toxines particulières vont se trouver soudainement deversées dans le torrent circulatoire : elles sont alors en contact avec l'organisme et, suivant la dose, celui-ci reagit ou non. L'évolution des Plasmodies présente cette curieuse particularité de s'accomplir avec une périodicité parfaite : les toxines sont, pour ainsi dire, déversées à heure fixe dans le sang, puisque tous les globules parasités éclatent sensiblement à la même heure. Dès lors, on comprend très bien et la cause de la fièvre, qui n'est autre chose qu'une réaction du corps à l'égard du poison, et la périodicité de l'accès.

Quand la fièvre intermittente dure depuis longtemps, on trouve dans le sang des éléments différents de ceux que nous venons d'étudier. Certains globules, au lieu de corps en rosace, renferment des *corps en*

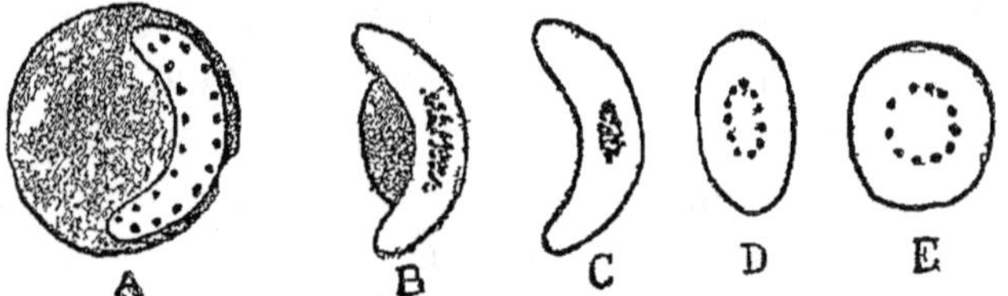

Fig 239 — Développement des corps en croissant

croissant; des corpuscules de cette dernière catégorie nagent aussi librement dans le plasma sanguin, à coté de *corps spheriques* de taille relativement grande (fig. 239).

Un examen attentif permet de distinguer deux sortes de corps spheriques, suivant l'abondance et la repartition du pigment à leur interieur . les uns ou *microgametocytes* (fig. 240, A), resultent d'une

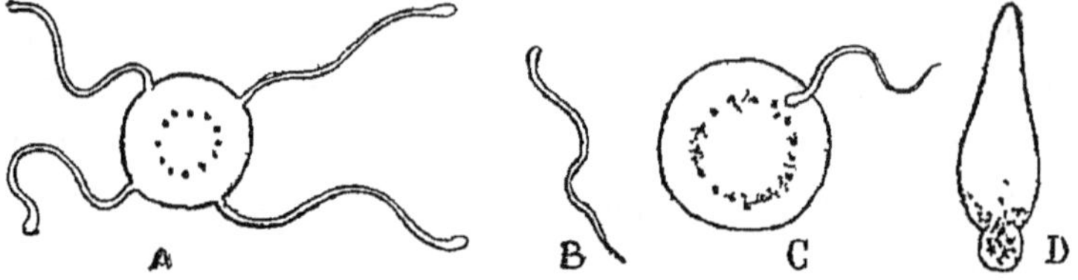

Fig 240 — A, corps spherique (microgametocyte) emettant quatre flagelles (microgametes), B, flagelle ou microgamete libre , C, fecondation du macrogamète , D, zygote

simple transformation des corps en croissant, les autres ou *macrogamètes* (fig 240, c) dérivent de Plasmodies qui, après avoir grossi dans le globule, ont été mises en liberté sans subir la segmentation décrite plus haut. En somme, ces deux formes parasitaires nouvelles sont donc nées dans les globules rouges, puis ont été mises en liberté par la rupture de ces derniers. Leur nombre augmente avec le temps. et c'est même un caractère qui permet d'évaluer approximativement depuis combien de temps dure la maladie. Ces corpuscules ne semblent jouer dans le sang aucun rôle ; on dirait véritablement que ce sont des corps étrangers plutôt que des parasites : c'est qu'en effet le role qu'ils sont appelés à jouer ne peut s'accomplir qu'en dehors du sang de l'Homme, dans l'organisme du Moustique.

Si l'on examine au microscope le sang d'un vieux paludique, au moment même où l'on vient de se le procurer par piqûre de la pulpe digitale, on constate que des sortes de Vermisseaux très déliés traversent le champ du microscope, à la façon d'Anguilles minuscules ; ils déplacent brusquement les globules, puis disparaissent. Laveran a découvert ce curieux spectacle ; il a fort bien reconnu que les Vermisseaux en question prenaient naissance à la surface des corps sphériques : ils s'allongent, frétillent, puis se détachent et se mettent à nager. Un même corps sphérique émet communément trois ou quatre *flagelles*, comme Laveran les appelle.

Quelle est la signification de ces corps singuliers? On a pensé tout naturellement que leur production était le prélude de la mort du corps sphérique et on l'a considérée comme un phénomène cadavérique. Or, cette interprétation n'est nullement exacte : les flagelles sont des *microgamètes*, c'est-à-dire de véritables corpuscules fécondateurs, ainsi qu'on doit à un médecin anglais de l'armee des Indes, le major Ronald Ross, de l'avoir fait connaître.

Engagé par le célèbre parasitologue anglais Patrick Manson à rechercher si les Moustiques ne seraient pas les agents habituels de la propagation du paludisme et des affections similaires qui s'observent chez les animaux, Ross a porté ses investigations sur les parasites du sang des Oiseaux. Il a découvert ainsi que certains Moustiques, après s'être gorgés d'un sang riche en parasites, offraient à ces derniers un terrain favorable à leur évolution. Bien loin d'être digeres par l'Insecte. les Hematozoaires accomplissent chez celui-ci des métamorphoses très curieuses, au cours desquelles ils se multiplient, puis passent en un état tel qu'ils puissent être inoculés par piqûre à un Oiseau encore indemne. De ces importantes observations, dans le détail desquelles nous allons entrer tout à l'heure, il ressort donc que, du moins en ce qui concerne les parasites des Oiseaux, ce sont bien réellement les Moustiques qui sont les agents disséminateurs.

Des recherches de même ordre ont été entreprises en Italie par le professeur B. Grassi, de l'Université de Rome. cette fois sur le palu-

disme humain : cette maladie est excessivement répandue dans la
Campagne romaine et il était impossible de trouver un meilleur champ d'expériences. Les faits observés par Grassi sont entièrement d'accord, dans leurs traits généraux, avec les résultats que Ross avait obtenus. Parmi les nombreux Moustiques qui vivent en Italie, il en est un, l'*Anopheles maculipennis* (fig. 241), qui est le propagateur habituel des fièvres intermittentes.

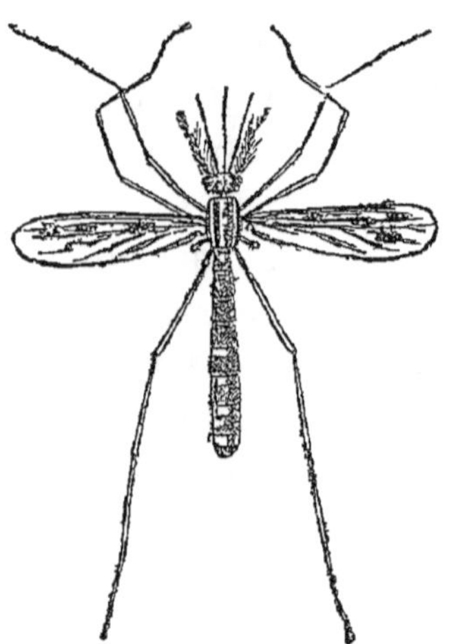

Fig 241 — *Anopheles maculipennis* femelle

Depuis que ces faits sont connus, les observations de cette nature se sont multipliées sur divers points du globe et partout on a constaté que la transmission du paludisme s accomplissait par l'intermédiaire d'Anophèles d espèce variée. On comprend donc pourquoi nous avons indiqué plus haut, de façon sommaire, les caractères distinctifs de ces Moustiques malfaisants.

Revenons à l'histoire de notre Plasmodie. Quand l'Anophèle vient à piquer un vieux paludique, il avale tout à la fois les globules du sang et un certain nombre de corps sphériques de l'une et l'autre sorte. Dans l'estomac de l'Insecte, certains corps sphériques donnent naissance à des flagelles, qui se portent aussitot sur les corps sphériques de l'autre catégorie, entrent en contact, puis se fusionnent avec eux. On assiste ainsi à un phenomène tout à fait comparable à celui de la fécondation, telle qu'on la peut observer chez les animaux supérieurs ou chez les plantes phanérogames. Il s'agit en effet d'un véritable phénomène sexuel, qui ne peut s'accomplir que dans le tube digestif du Moustique et sans lequel la Plasmodie serait incapable de parcourir la seconde phase de son cycle évolutif.

Le corps fécondé ou *zygote* s'enfonce bientot dans l'épaisseur de la paroi de l'estomac et s'y arrête: il se nourrit aux dépens des sucs qui le baignent; il grossit petit à petit, s'entoure d'une membrane d'enveloppe, puis fait saillie à la surface externe de l estomac. Il continue de s'accroître et sa substance, jusque-là homogène, subit des divisions successives. Il se produit ainsi, à l'intérieur du parasite enkysté, un nombre considérable de petits corpuscules fusiformes, qui ne tardent pas à devenir mobiles. Le kyste se rompt alors : les corpuscules mo-

biles ou sporozoïtes tombent dans la cavité générale de l'Insecte et s'y
disséminent de toutes parts; toutefois, ils s'acheminent rapidement
vers la partie antérieure du corps, s'enfoncent par effraction dans la
glande salivaire et s'arrêtent dans les cellules qui la tapissent. Quand
ces dernières expulsent la salive qu'elles ont sécretée, elles mettent en
même temps en liberté les sporozoïtes, qui tombent ainsi dans le canal
excréteur de la glande. Que l'Anophèle vienne alors à piquer un
Homme, il deverse les sporozoïtes dans la plaie produite par sa trompe
et l'inoculation du paludisme s'opère

Nous connaissons maintenant le cycle tout entier que parcourt le
parasite des fièvres intermittentes. Comme on le voit, son évolution
s'accomplit d une façon ininterrompue entre l'Homme et le Moustique,
puis entre le Moustique et l'Homme. A aucune epoque de sa vie, il ne
cesse d'être parasite : ce n'est donc ni l'eau des marécages, ni le sol
fraîchement remué, ni l'air pestilentiel qui sont la cause de la fièvre;
c'est toujours et uniquement une piqûre d'Insecte. Ces decouvertes
sensationnelles éclairent, on le conçoit, d'une lumière très inattendue,
mais très resplendissante, la grave question du paludisme, qui est
sans contredit la plus importante de toutes les·questions d'hygiène
coloniale.

Filariose. — On connaît en médecine sous le nom de *filariose*
une maladie redoutable, qui est très répandue dans toute la zone
intertropicale et qui sévit également à Madagascar. Les individus qui
en sont atteints présentent ordinairement des symptômes caractéristiques, d'ailleurs variables. Ou bien le malade est atteint d'hématurie
plus ou moins accentuée, ou bien il est atteint d'éléphantiasis des
pieds, des jambes, des bras ou d'autres parties du corps L'hématurie
n'est nullement spéciale à la filariose, d'où la nécessité d'en établir
l'origine, pour la distinguer de celle qui est consécutive à la bilharziose
ou aux hématuries dites essentielles, c'est-à-dire qu'on ne peut actuellement rattacher à aucune cause parasitaire. L'eléphantiasis est plus
caractéristique, bien qu'on puisse observer également dans d'autres
maladies, en particulier dans la lèpre, des malformations des membres
assez analogues à celles dont il est question ici. L'éléphantiasis de cause
filarienne est dit *elephantiasis des Arabes*, celui de la lèpre est connu
sous le nom d'*elephantiasis des Grecs*.

Quelles que soient ses manifestations, la filariose doit être envisagée comme une maladie spécifique, qui reconnaît pour cause un parasite du groupe des Vers nématodes, la *Filaria Bancrofti* Cobbold, encore appelée *Filaria sanguinis hominis* Lewis. Cet helminthe est inoculé à l'Homme par la piqûre des Moustiques : il subit de curieuses métamorphoses que nous devons exposer brièvement.

Supposons un malade dont le sang renferme une immense quantité de Vermisseaux. Ces animalcules sont des embryons : ils sont longs de 125 à 300 µ, larges de 7 à 11 µ, dépourvus de tube digestif et entourés d'une sorte de gaine transparente, qui ne gêne en rien leurs mouvements. Ainsi constitués, ils s'agitent et circulent dans le sang de la façon la plus capricieuse, bousculant les globules et se déplaçant à la façon de petites Anguilles. Leur longueur serait assez considérable pour qu'on put les voir à l'œil nu, si leur largeur n'était si exigue : celle ci en revanche leur permet de franchir les capillaires les plus étroits et de se répandre ainsi dans tout le torrent circulatoire.

Toutefois, on les chercherait vainement pendant le jour dans une goutte de sang extraite par piqûre de la peau et examinée à l'aide du microscope : au contraire, ils s'y trouvent en quantité plus ou moins grande pendant la nuit. Cette très curieuse périodicité n'est pas, à proprement parler, déterminée par la position du soleil par rapport à l'horizon ; elle résulte de l'état de l'organisme : on trouve les embryons dans le sang périphérique pendant le sommeil : ils font défaut pendant l'état de veille. En effet, on les voit apparaître chez les individus qui dorment pendant le jour et ils manquent pendant les nuits d'insomnie.

Il n'en est pas moins vrai que normalement ils se montrent pendant la nuit dans les vaisseaux de la peau. C'est pour cette raison qu'on désigne communément sous le nom de *Filaria nocturna* ces embryons noctambules. Sans chercher à expliquer ici les causes intimes qui les mettent en mouvement, on remarquera qu'ils viennent à la périphérie du corps aux heures mêmes où certains Insectes, en particulier les Moustiques, sont en pleine activité. Il y a de leur part une véritable adaptation, de cause encore mal définie. aux mœurs de ces Insectes, adaptation qui assure leur dissémination, en même temps que la propagation de la maladie.

Le Moustique, en piquant un malade atteint de filariose, avale tout à la fois le sang et les embryons de Filaire qui y sont contenus. Ceux ci ne meurent pas, comme on pourrait le croire . ils échappent à l action destructive des sucs digestifs et continuent de vivre dans l'estomac de l'Insecte. Ils y perdent bientôt la gaine qui les entourait, puis traversent la paroi de l'estomac et s'en vont dans la puissante masse musculaire qui occupe la partie supérieure du thorax et sert à mouvoir les ailes. Ils se logent dans l'interstice des faisceaux musculaires et restent là pendant deux à trois semaines : ils y grandissent et ne tardent pas à prendre les caractères de la larve, c'est-à-dire qu'un tube digestif apparaît à leur intérieur.

Tout d'abord, le tissu musculaire de l'Insecte ne présente aucune lésion appréciable, mais bientôt il se raréfie autour des parasites. Vers le dix-septième jour, les larves ont considérablement grandi et le muscle a subi une atrophie notable : quelques-unes d'entre elles quittent alors le point où elles ont accompli leur métamorphose et se mettent en marche vers le cou ; elles le franchissent, cheminent à travers la partie inférieure de la tête, puis pénètrent dans la gaine de la trompe. Les autres suivent, si bien que le thorax se vide progressivement de ses parasites, qui viennent s'accumuler dans la trompe. En cet état, l'Insecte est prêt à inoculer la Filaire.

Si donc le Moustique vient à piquer un individu sain, il introduit dans la peau de celui-ci, en même temps que sa salive irritante, un certain nombre de larves qui se trouvent mises en liberté par une déchirure que subit la gaine de la trompe au moment où elle se replie sur elle-même pour permettre aux stylets de s'enfoncer dans le tégument. Voilà donc les larves introduites dans la peau de l'Homme ; voyons comment elles vont s'y comporter.

Elles s'arrêtent dans les espaces lymphatiques de la peau et y subissent une nouvelle transformation, grâce à laquelle elles passent à l'état adulte. Nourries par les sucs où elles se trouvent plongées, les Filaires adultes grandissent sur place. Elles atteignent une longueur de dix à quinze centimètres, mais leur largeur ne dépasse pas $0^{mm},10$ pour le mâle et $0^{mm}.18$ pour la femelle. Les deux sexes vivent côte à côte pendant très longtemps, et l'on peut extraire des tumeurs éléphantiasiques soit des mâles, soit des femelles. La grande longévité de ces parasites explique la longue durée de la maladie.

La femelle est vivipare : elle pond des embryons ayant atteint déjà tout leur développement, entourés d'une gaine transparente et en tout semblables à ceux que nous avons déjà rencontrés dans le sang. En effet, ces embryons se laissent entraîner par le cours de la lymphe et par conséquent tombent avec celle-ci dans le torrent circulatoire sanguin. Ainsi se trouve fermé le cycle évolutif de la Filaire du sang. Il nous reste à expliquer la manière dont s'établissent les graves accidents dont elle est la cause.

En siégeant en permanence dans les voies lymphatiques de la peau, les Vers adultes provoquent des troubles de la circulation. Ils sont trop gros pour franchir les ganglions qui se trouvent placés sur le trajet des vaisseaux lymphatiques, particulièrement au niveau des articulations : ils obstruent donc les vaisseaux qui se rendent à ceux-ci et déterminent une stase de la lymphe en amont. Cet arrêt circulatoire a pour conséquence une dilatation progressive des vaisseaux lymphatiques, et c'est là le point de départ de l'éléphantiasis. Le derme se creuse de larges espaces dans lesquels la lymphe reste stagnante et la peau s'épaissit progressivement dans toutes ses parties. Les membres qui sont le siège de semblables lésions prennent, sur une étendue plus ou moins grande, un aspect monstrueux qui rappelle celui des pieds d'Eléphant. Suivant le point qu'occupent les parasites. l'éléphantiasis porte sur le membre tout entier ou sur un ou deux segments ; la démarcation entre les parties saines et les parties lésées correspond toujours au siège des ganglions lymphatiques.

L'hématurie, avons-nous dit, est un symptôme très fréquent de la filariose. Elle résulte de ce que les embryons charriés par le sang viennent s'accumuler dans les capillaires du rein ou de la vessie et en déterminent la rupture. Suivant que celle-ci porte exclusivement sur les capillaires sanguins ou, au contraire, intéresse également certains vaisseaux lymphatiques, l'urine est sanguinolente ou chyleuse. Aussi connaît-on en médecine cette forme particulière de la filariose sous les noms d'*hématurie intertropicale*, de *chylurie* et d'*hémato-chylurie*. Les mêmes causes doivent être invoquées pour expliquer l'ascite et l'hydrocèle chyleuses.

Dans tous ces cas, le diagnostic de la maladie n'est guère difficile, puisque les embryons s'observent non seulement dans le sang pendant la nuit, mais aussi dans l'urine et dans le liquide de l'ascite et et de l'hydrocèle ; soit dit en passant, c'est dans ce dernier liquide qu'ils ont été découverts en 1863 par Demarquay, chirurgien de la Maison municipale de santé, chez un jeune homme revenant des Antilles.

Si nous connaissons très exactement l'histoire de la Filaire du sang, nous n'avons malheureusement aucun moyen médical de combattre le parasite, une fois qu'il a pénétré dans nos tissus. Les sels de quinine. qui sont si efficaces contre les Protozoaires en général et contre l'Hématozoaire du paludisme en particulier, sont sans action sur les Helminthes. Les Nématodes sont particulièrement resistants à l'égard des médicaments chimiques, à cause de la cuticule chitineuse qui les protège et oppose une barrière presque infranchissable. Le traitement médical ne donne donc que des résultats nuls ou médiocres, mais il n'en est pas de même du traitement chirurgical, qui permet l'extirpation de certaines tumeurs éléphantiasiques. Heureusement. la connaissance précise des migrations du parasite nous permet de ranger la filariose au nombre des maladies évitables : pour lui échapper, il est indispensable et suffisant de se mettre à l'abri des piqûres des Moustiques.

Nous avons pris la *Filaria Bancrofti* comme type des Filaires du sang. mais il n'est pas inutile de mentionner ici que d'autres espèces, voisines de celle-ci, se rencontrent également chez l'Homme · leurs embryons circulent encore dans le sang, soit seulement pendant la journée (*F. diurna*), soit à toute heure de jour et de nuit (*F. perstans* et *F. Demarquayi*). Cette dernière a été signalée à Zanzibar et en d'autres localités de l'Afrique australe; il est donc possible qu'elle se rencontre aussi à Madagascar. Les migrations de ces parasites sont encore mal connues, mais il est très vraisemblable qu'ils sont propagés par la piqûre des Insectes et spécialement des Moustiques, comme c'est le cas aussi pour la *F. immitis* qui se rencontre si fréquemment dans le cœur du Chien, dans les régions tropicales.

Lèpre. — La lèpre (*boka*) est très-répandue à Madagascar, particulièrement dans l'Imerina et le Betsileo. Dans la province de Tananarive. qui compte environ 375,000 habitants, on estime à un millier le nombre des lépreux (*habokana*), dans celle d'Ambositra, on en connaît environ 800; mais ces chiffres sont certainement bien inférieurs à la réalité. La maladie évolue chez les Malgaches de la même manière que dans les autres races humaines : il n'y a donc pas lieu d'en donner une description même sommaire. Nous devons, au contraire, préciser de quelle manière elle se propage.

On discute depuis fort longtemps la question de savoir si la lèpre est une affection héréditaire ou contagieuse : les partisans de l'une et l'autre doctrine invoquent à l'appui de leur opinion des arguments qui ne sont pas sans valeur, mais qui pourtant nous semblent être peu d'accord avec les faits d'observation. Les Malgaches pensent que la maladie est surtout héréditaire et que les individus qui se nourrissent de Poisson y sont particulièrement prédisposés : on cite, non loin de Tananarive, un village dont les habitants ne mangent que du Poisson de rivière et chez lesquels la lèpre est très commune. Nous reviendrons tout à l'heure sur ce point.

Sans discuter ici les raisons qui plaident en faveur des deux opinions que nous venons de rapporter, nous dirons que, pour nous, la lèpre est essentiellement une maladie contagieuse, non pas qu'elle se transmette par le contact direct des lépreux, mais elle est transportée d'un individu à l'autre par un Insecte piqueur : le Moustique est, selon toute vraisemblance, l'animal chargé de ce rôle redoutable. En adoptant cette manière de voir, tous les points obscurs de l'histoire de la lèpre s'éclaircissent aussitôt ; notamment, on conçoit sa plus grande fréquence au bord des lacs ou le long des cours d'eau, d'où la croyance qu'elle est en relation avec un régime ichtyophage.

La lèpre n'est pas héréditaire, puisque les enfants nés de parents lépreux sont généralement sains et bien conformés : ils peuvent rester tels pendant leur vie tout entière, et s'ils présentent les symptômes de la maladie, c'est toujours au bout de quelques mois ou de quelques années. Ce fait plaide évidemment en faveur de la contagion, et non de la transmission héréditaire.

C'est donc en vivant avec des individus déjà contaminés qu'on acquiert la maladie : on pourrait citer une foule d'observations qui le démontrent surabondamment. Si la lèpre se transmet de la sorte dans une même famille ou chez des individus vivant en commun, cela tient à ce que l'Insecte qui la propage est un Insecte domestique. Pour des raisons qu'il serait trop long d'exposer ici, j'en suis arrivé à penser que les Moustiques sont les principaux, sinon les seuls agents de la contamination.

La lèpre, comme on sait, est causée par un microbe. le *Bacillus lepræ*, qui vit dans la peau de l'Homme, ainsi que dans divers autres organes. On n'a pu jusqu'à présent le cultiver en dehors de l'organisme humain, ni l'inoculer avec succès aux animaux. Comment donc pourrait-il se propager sans l'intervention du Moustique qui, en suçant le sang de deux individus successifs, le prend dans la peau de l'un et l'inocule dans celle de l'autre ?

De ces notions découlent des mesures qui sont précisément celles que l'on a mises en pratique au moyen âge, à l'époque où l'Europe occidentale était littéralement décimée par le fléau. On a pu arrêter sa marche désastreuse en confinant les lépreux dans des établissements particuliers où ils étaient internés d'une façon plus ou moins rigoureuse. De nos jours encore, on relègue les lépreux dans des léproseries ou dans des îles dont l'accès est interdit, et c'est seulement par ce moyen qu'on peut arrêter le progrès de la redoutable maladie.

A Madagascar, des léproseries *(trano fitsaboana ny boka)* ont été créées déjà par les missions religieuses avant notre prise de possession; c'étaient des établissements privés et libres, où les malades n'étaient pas astreints à l'internement. Une organisation aussi rudimentaire ne pouvait suffire. vu l'étendue du fléau ; aussi a-t-on multiplié ces institutions. Par exemple, à l'instigation de M. le colonel Houry, on a ouvert à Ambohidratimo, en avril 1900, une vaste léproserie qui ne contient pas moins de 600 malades. Ceux-ci occupent un grand village disposé en terrasse et comprenant 26 pavillons ; ils se livrent à la culture du Riz, du Manioc et des Patates. L'internement est obligatoire; les malades ne peuvent sortir qu'après avoir obtenu un certificat constatant que leurs ulcérations sont cicatrisées et qu'ils ne présentent plus aucun danger de contagion. Les sexes ne sont pas séparés ; les familles de lépreux habitent des cases spéciales et peuvent garder leurs enfants jusqu'à l'âge de deux ans ; on les leur enlève ensuite, pour les placer dans un orphelinat voisin de la léproserie. Le service médical est fait par un médecin indigène résidant et par cinq sœurs franciscaines, placés sous la surveillance d'un médecin militaire qui a les attributions de médecin-inspecteur.

D'autres léproseries moins importantes, mais établies sur le même type que celle d Ambohidratimo, fonctionnent également à Manankavaly et à Antsirabe ; d'autres sont en construction à Miarinarivo et à Fianarantsoa. D'autres encore, n'ayant aucun caractère officiel et appartenant aux missions, existent à Ambohivaroka, à Fianarantsoa, à Antamaherina et à Betsipolany. Grâce à la façon énergique dont la lèpre est actuellement combattue, on doit espérer qu'elle va rapidement diminuer d'importance et que bientôt elle sera devenue relativement rare.

Prophylaxie des maladies transmises par les Moustiques. — Nous

arrivons maintenant à l'exposé des mesures qu'il convient de prendre
pour se mettre à l'abri des maladies transmises par les Moustiques.
Ces mesures sont différentes, suivant qu'il s'agit d'assainir les localités
ou de protéger les individus. En les exposant, nous aurons surtout en
vue le paludisme, mais ce que nous allons dire s'appliquera aussi, dans
la plus large mesure, à la filariose, à la fièvre jaune et à la lèpre.

Assainissement des localités insalubres. — Les mesures qui ont été
appliquées en France, par exemple, et grâce auxquelles on a pu rendre
habitables la Sologne et d'autres pays où le paludisme était endémique,
peuvent être également adoptées dans d'autres régions. Elles consistent
à dessécher les marais et les étangs. à drainer le sol et à faire divers
travaux analogues. Ces travaux peuvent avoir leur utilité dans des contrées où la population est dense et où la terre cultivable est relativement
rare ; mais ils sont, on le conçoit, la source de dépenses considérables,
ce qui doit les rendre à peu près inapplicables dans les colonies.

Il existe heureusement d'autres moyens, beaucoup moins coûteux
et dont les résultats ne sont pas moins satisfaisants. Je ne dirai rien
des plantations de Conifères, d'Eucalyptus et d'autres arbres, qui effectivement dessèchent le sol et rendent, par conséquent, de réels services dans la lutte contre le paludisme : ce sont là encore des procédés
peu recommandables dans un pays tel que Madagascar.

Il vaut mieux combattre les Moustiques eux-mêmes, non en cher-
chant à les détruire sous forme d'Insectes ailés, mais en les attaquant
dans les eaux stagnantes où ils passent la première partie de leur
existence. Il suffit, pour les y détruire, de verser à la surface de l'eau
une petite quantité de pétrole et de goudron ; ce dernier mélange vaut
mieux que le pétrole seul, car il s'évapore moins rapidement.

Nous avons vu que la larve et la nymphe du Moustique viennent
fréquemment à la surface de l'eau, pour y rejeter de l'acide carbo-
nique et s'y charger d'oxygène. Dans les conditions normales, rien ne
s'oppose à cet échange de gaz ; mais ces petits animaux ne peuvent
plus entrer en relation avec l'air atmosphérique, si l'on a eu soin de
verser à la surface de l'eau une petite quantité du mélange susdit :
l'huile de pétrole diffuse dans leurs trachées et se dépose sous forme de
gouttelette sur leurs orifices respiratoires. Larves et nymphes meurent
donc rapidement par asphyxie et, au bout de très peu de temps, on ne
trouve plus dans l'eau que leurs cadavres.

Comme le pétrole ne se mélange pas à l'eau, mais forme une simple couche à la surface, il n'y a pas lieu de tenir compte du volume total de l'eau ; il suffit d'en connaître approximativement la surface et d'y verser 10 centimètres cubes de pétrole par mètre carré.

On verse une première fois le liquide insecticide au début de la saison des Moustiques, puis on renouvelle l'opération tous les dix à quinze jours. Le liquide est répandu de place en place, et non versé en un seul endroit, de façon à rendre sa répartition plus homogène. Une pièce d'eau qui aura été traitée de la sorte sera tout à fait inhabitable par les larves et les nymphes ; les œufs qui seront déposés à sa surface ne se développeront pas, ou bien les jeunes larves seront tuées dès leur éclosion.

Voilà donc un procédé qui a le double avantage d'être très efficace et très peu coûteux. Pour les puits, citernes ou abreuvoirs, il ne saurait convenir, bien qu'on ait la ressource de puiser l'eau potable à une certaine profondeur. Il vaut mieux alors tenir l'eau constamment couverte d'une toile métallique à mailles assez serrées pour que les Moustiques ne puissent pas les traverser : on ne doit pas oublier, dans ce cas. que les *Anopheles* sont généralement de plus petite taille que les *Culex*.

Si l'habitation est voisine d'eau stagnante qu'on ne peut songer ni à dessécher ni à rendre courante, les procédés très simples que nous venons d'indiquer seront très suffisants pour mettre à l'abri des Moustiques. S'il s'agit de construire, on devra faire choix d'un versant où les eaux soient courantes ou d'un plateau balayé par le vent.

Assainissement des maisons. — Il faut proscrire absolument les tentures ou papiers de couleur, surtout ceux à fleurs ou à ramages; les murs devront être blancs, afin que tout Moustique qui viendra s'y poser puisse être vu facilement : la lutte contre le Moustique adulte est la seconde phase de cette guerre d'un nouveau genre ; elle se fait dans l'habitation même.

Les lits devront tous être pourvus de moustiquaires. Celles-ci seront à mailles assez serrées pour que les Anophèles ne puissent pas les traverser ; elles seront assez écartées du dormeur pour n'être pas en contact avec lui ; elles ne seront pas pendantes, mais rentrées sous les matelas, pour que les Insectes ne trouvent aucune issue par où ils puissent s'introduire. Il est inutile de dire que l'occlusion devra en être parfaite, que toute déchirure devra être immédiatement réparée et que. avant de s'endormir, on en inspectera soigneusement l intérieur, pour faire la chasse à tout Insecte qui aurait pu y pénétrer.

Ces mesures générales pourront suffire dans les localités où le paludisme est rare ou peu intense, mais il faut recourir à des moyens encore plus efficaces, là où les fièvres sévissent avec plus de violence. Les précautions que l'on doit prendre alors ont été mises en lumière, de la façon la plus démonstrative, par des expériences d'un haut intérêt, qui ont été accomplies en même temps par le professeur Grassi dans la région napolitaine et par les D^{is} Sambon et Low, dans la campagne romaine. Ces expérimentateurs ont montré qu'on peut impunément habiter les régions les plus insalubres. même pendant la plus mauvaise saison, en se conformant à des prescriptions que l'on peut formuler ainsi :

Les Moustiques en général et les Anophèles en particulier étant des animaux nocturnes, c'est pendant les heures de la nuit que se transmet le paludisme. Tant que le soleil est au-dessus de l'horizon, on peut, sans encourir aucun danger, aller et venir dans la campagne ; toutefois, il faut savoir que les individus atteints de fièvre voient souvent leurs accès éclater avec violence quand ils séjournent au soleil. A partir du crépuscule et pendant toute la nuit, il est dangereux de sortir, puisqu'on court le risque d'être piqué par les Moustiques. On peut le faire néanmoins, mais à la condition expresse de porter des gants et d'avoir un voile en mousseline serrée, qui entoure complètement la tête, sans être en contact ni avec le visage ni avec le cou; ce voile doit être enfoncé sous les vêtements, pour éviter l'introduction des Insectes.

Les fenêtres, vasistas et ouvertures quelconques seront doublés extérieurement d'une toile métallique fine, qui permettra la circulation de la lumière et de l'air, mais empêchera l'arrivée des Insectes. Les cheminées seront fermées à leur sommet par une toile semblable. Les portes seront doublées d'un tambour en toile métallique; elles se fermeront automatiquement, de façon à ne rester entrebâillées que le temps très court qui est nécessaire pour la sortie ou l'entrée des personnes. Tout au moins, cette fermeture automatique est absolument indispensable pour le tambour déjà indiqué. Les vérandas ou galeries extérieures, qui ornent si fréquemment les maisons coloniales et où la famille se réunit pour goûter la fraîcheur du soir, ne présenteront de sécurité que si elles sont munies également d'une semblable protection. Les étables devront être pourvues aussi de toile métallique doublant leurs ouvertures.

Entre Naples et Pœstum, Grassi a appliqué ces mesures prophylactiques sur divers tronçons de la ligne du chemin de fer, alors que d'autres tronçons étaient laissés dans l'état habituel. Le résultat fut véritablement suprenant dans les parties protégées, où les années précédentes le paludisme avait sévi avec rage, on n'en observa plus aucun cas; dans les parties non protégées, la maladie frappa au contraire la totalité des habitants. De même, Sambon et Low ont pu passer trois mois d'été. aux environs d'Ostie, dans une maison de bois organisée comme je viens de l'indiquer, sans prendre le moindre accès de fièvre, alors que toute la population environnante était en proie aux formes les plus graves du paludisme.

Les graves affections que nous inoculent les Moustiques sont donc des maladies évitables. A Madagascar, les régions salubres sont très étendues, mais l'Européen peut vivre et s'établir même dans les régions jusqu'à ce jour réputées insalubres, s'il veut appliquer les règles que nous venons d'énoncer. Ainsi s'étend dans des proportions inespérées le champ de notre activité coloniale.

MALADIES TRANSMISES PAR D'AUTRES INSECTES

Si les Moustiques jouent un rôle capital dans la dissémination de certaines maladies parasitaires, il est certain qu'ils ne sont point les seuls animaux que nous ayons à redouter à ce point de vue. La Puce vulgaire nous en fournit un autre exemple non moins important que ceux qui précèdent. Cet Insecte est excessivement répandu dans l'île : il y porte le nom de *Parasy* et certaines localités qui en sont particulièrement infestées ont le nom significatif de *Beparasy* (beaucoup de Puces). Malgré sa fréquence extrême, il ne mériterait guère une mention spéciale. si l'on n'avait reconnu dans ces dernières années que c'est lui qui, par sa piqûre, nous donne la peste.

Peste. — Cette redoutable maladie épidémique, qui a littéralement ravagé l'ancien monde pendant des siècles, en causant une effroyable mortalité, semblait être à jamais conjurée, quand elle a fait de nouveau son apparition aux Indes et même en Europe : on n'a pas oublié, en

effet, la meurtrière épidémie de Bombay et celle d'Oporto, heureusement plus bénigne. En même temps, la maladie atteignait Madagascar,
toutefois sans s'y montrer trop sévère.

Elle fit une première fois son apparition à Tamatave. le 23 novembre 1898 : les mesures les plus energiques furent prises aussitot et l'épidémie put être rapidement circonscrite. Néanmoins, elle se montra
de nouveau dans cette même ville en 1899 . elle dura 150 jours :
52 personnes furent atteintes et 42 moururent. Elle eclatait aussi à
Antsirane, mais sans y acquérir un développement appréciable.

Nous devons donc ranger la peste au nombre des maladies qui
peuvent sévir dans notre nouvelle colonie. Sa nature, longtemps mys-
térieuse, nous est maintenant bien connue . le Dr Yersin, médecin de
la marine française, a découvert, en 1894, qu'elle est due à un petit
microbe, le *Bacillus pestis*, qui vit dans le sang et surtout dans le foie
et la rate des pestiférés. Le principal symptome de la maladie est un
bubon volumineux qui résulte de la tuméfaction des ganglions lymphatiques et siège le plus habituellement à l'aîne La maladie est
éminemment contagieuse et mortelle dans le plus grand nombre des
cas. Elle peut être inoculée expérimentalement à plusieurs animaux.
tels que le Cobaye, la Souris et le Rat ; dans les conditions ordinaires,
ce dernier animal est l'agent de la transmission.

En crevant, les bubons rejettent une matière purulente dans laquelle les microbes sont en extrême abondance , ils souillent donc le
linge, les vêtements et différents autres objets. D autre part, quand on
enterre le cadavre d'Hommes ou d animaux morts de la peste, ces
mêmes microbes sont mis en liberté dans le sol. Dans l'une ou l'autre
de ces conditions, ils ne meurent pas, mais perdent simplement de
leur virulence, tout en restant capables de contaminer un être doué
d'une réceptivité suffisante. Cet être est ordinairement le Rat. En ron-
geant les substances souillées de microbes, cet animal s'inocule à lui-
même la maladie, puis la propage dans sa propre espèce ; le Bacille,
en passant par le Rat, récupère sa virulence primitive, et redevient
apte à contaminer l'Homme. C'est ainsi que les épidémies de peste
débutent généralement par une excessive mortalité des Rats

L'Homme s'infeste au contact des Rats morts de la peste ou à celui
de substances qu'ils ont souillés ; il peut aussi se contaminer directement au moyen d'objets chargés de microbes humains encore frais et.
par conséquent, encore assez virulents. Mais, dans bien des circonstan-

ces, l'inoculation se fait en dehors de ces contacts, par l'intermédiaire
des Puces. Celles-ci, en effet, inoculent dans la peau les microbes dont
elles se sont chargées en piquant au préalable des Rats ou des individus malades, ou en cheminant au milieu d'objets déjà souillés.

C'est ainsi qu'on peut expliquer les deux épidémies dont nous
venons de parler . la première était notoirement d'origine asiatique et
résultait. pense-t-on, de l'introduction à Tamatave de ballots de riz
provenant des Indes. Les coolies chinois et indous, qui viennent fréquemment aux Mascareignes et ont tendance à débarquer aussi à
Madagascar, doivent donc être soumis, eux et leurs bagages, à la plus
étroite surveillance et à de rigoureuses désinfections. De même, les
Rats et les Souris, qui pullulent dans la cale des navires, doivent être
l'objet d'une chasse incessante : on les détruira soit par l'acide carbo-
nique, soit par des vapeurs nitreuses, soit par tout autre procédé. Ceux
de ces Rongeurs qui se trouvent à terre devront être pourchassés non
moins rigoureusement. Enfin, la bonne tenue des habitations et les
soins de propreté corporelle seront la meilleure garantie contre le
retour et l'extension du fléau.

MALADIES TRANSMISES PAR L'EAU

On n'ignore pas le rôle considérable que joue l'eau dans la transmission de certaines maladies. La fièvre typhoïde, le choléra, l'entérite
et diverses formes de dysenterie sont au nombre des plus connues. La
première s'observe à Madagascar, sans y présenter rien de spécial;
la seconde n'y a pas encore été signalée, mais il est à craindre qu'elle
ne s'y montre quelque jour.

L'entérite et la diarrhée sont moins fréquentes que dans nos autres
colonies; la dysenterie est rare et revêt un caractère bénin : on la
guérit facilement, sans qu'elle se complique d'abcès de foie.

_ En outre de ces affections qui ne méritent pas une description particulière. il en est d'autres qui sont causées, non plus par des microbes,
comme les précédentes, mais bien par des parasites animaux. Elles
méritent de nous arrêter plus longtemps.

Bilharziose. — Cette affection est connue ordinairement sous le
nom d'*hematurie d'Egypte* : son principal symptome est en effet l'hématurie, mais on l'observe dans bien d'autres régions que l'Egypte.

Elle est causée par un petit Ver trématode, qui vit dans le sang et dont les migrations sont encore ignorées. On sait pourtant de façon certaine qu'il passe son jeune âge chez un animal aquatique, probablement chez un Mollusque, et qu'il est introduit dans l'organisme de l'Homme soit avec l'eau de boisson, soit parce qu'on avale fortuitement le Mollusque en question. Ce parasite a été découvert en Egypte par Bilharz, qui a donné son nom à la maladie qu'il détermine.

Dans les veines abdominales des individus atteints de bilharziose, particulièrement dans la veine porte et dans celles de la vessie et du rectum, on trouve des Vers filiformes, ressemblant à des Oxyures, mais présentant un aspect singulier : ils sont généralement réunis deux à deux, le corps de l'un enveloppant celui de l'autre ; le premier est le mâle, le second est la femelle, qui se trouve ainsi logée dans une sorte de gouttière formée par son compagnon. Le mâle est long de 11 à 14^{mm}; la femelle est beaucoup plus grêle, mais atteint jusqu'à 15 et 20^{mm}. Ces animaux ont reçu le nom de *Schistosomum hæmatobium* ou plus simplement de Bilharzie. Par eux-mêmes, ils sont parfaitement inoffensifs, mais la femelle pond des œufs qui causent dans les tissus des dégâts considérables et produisent finalement une très grave maladie.

L'œuf est de forme ovale et mesure environ 150 µ sur 50 µ.; il porte à l'un de ses pôles un éperon acéré qui est la cause de toutes les lésions. Il perfore la paroi des capillaires, tombe dans l'intimité des tissus et y chemine peu à peu, non sans produire une certaine irritation sur son passage. C'est ainsi qu'il traverse la paroi de la vessie pour tomber dans la cavité de cet organe : à sa suite s'effectue un léger suintement de sang, d'où l'hématurie caractéristique de la bilharziose. Le diagnostic de la maladie est donc basé sur la recherche des œufs du parasite dans le dépôt urinaire ; on connaît leur structure et leur dimension et il sera facile, par conséquent, de les y distinguer, à l'aide du microscope.

C'est donc avec l'urine que l'œuf de la Bilharzie est rejeté au dehors. Son développement est alors plus ou moins avancé ; il renferme ordinairement un embryon très agile, cilié sur toute sa surface et destiné à éclore dans l'eau. Dès que, par ses mouvements, il a déchiré la coque de l'œuf, il nage activement, mais on ignore ce qu'il devient par la suite.

Quant aux lésions que l'œuf provoque dans les organes, elles consistent essentiellement en une hypertrophie irritative du tissu conjonctif à travers lequel il se fraye un chemin. Grâce à ce phénomène, on voit la prostate augmenter de volume et la muqueuse de la vessie et du rectum acquérir une épaisseur inusitée ; elle présente même à sa surface des villosités plus ou moins longues, qui proéminent dans la cavité et contribuent d'autant à la rétrécir. Bien plus, les œufs qui séjournent dans la vessie, entre les replis de la muqueuse, peuvent jouer le rôle de noyau de cristallisation autour duquel viennent se déposer les urates et autres sels urinaires : en effet, la pierre est fréquente dans les pays où sévit la bilharziose et le centre de cette concrétion est souvent occupé par un ou plusieurs œufs.

A dire vrai, la bilharziose n'a pas encore été signalée à Madagascar, mais nous ne doutons point qu'elle ne s'y rencontre : on a décrit des formes particulières d'hématurie, qui, croyons-nous, n'ont pas d'autre origine. D'ailleurs. la maladie existe tout le long de la cote orientale d'Afrique, ainsi qu'à l'île Maurice ; elle est fréquente au Cap et à Natal. Je n'insisterai donc pas davantage sur cette grave maladie ; il m'aura suffi d'attirer sur elle l'attention et de montrer qu'elle résulte évidemment de l'ingestion d'eaux impures.

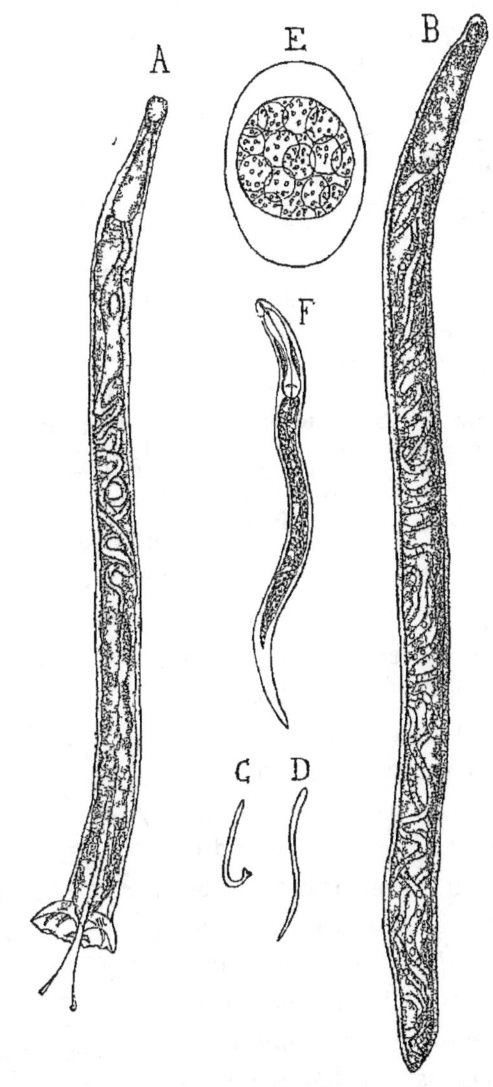

Fig 242 — *Uncinaria duodenalis* A, mâle tres grossi, B, femelle tres grossie, C, D, male et femelle grossis deux fois, E, œuf, F, larve libre dans l'eau boueuse

Uncinariose. — Aucune observation certaine ne permet d'affirmer la présence de l'uncinariose à Madagascar, mais je pense qu'on l'y observera, tout au moins dans les parties septentrionales; sa distribution géographique autorise une pareille opinion.

L'uncinariose ou anémie intertropicale, est très répandue à la surface du globe. Elle est causée par un petit Ver nématode, l'*Uncinaria duodenalis,* qui vit dans l'intestin grêle (fig. 242). Sa longueur est d'environ 10 ᵐᵐ; il présente dans les deux sexes, à l'extrémité antérieure une forte capsule chitineuse, armée de quatre crochets très pointus, à l'aide desquels il s'attache à la muqueuse et déchire les vaisseaux capillaires (fig 243). Le mâle, plus petit que la femelle, se reconnaît à ce que son corps se termine en arrière par une sorte de pavillon dont les bords s'écartent ou se rapprochent par le jeu de muscles qui rayonnent dans son épaisseur (fig. 244). Les parasites sont généralement très nombreux; ils produisent de petites hémorragies qui, par leur persistance, ne tardent pas à anémier considérablement le malade.

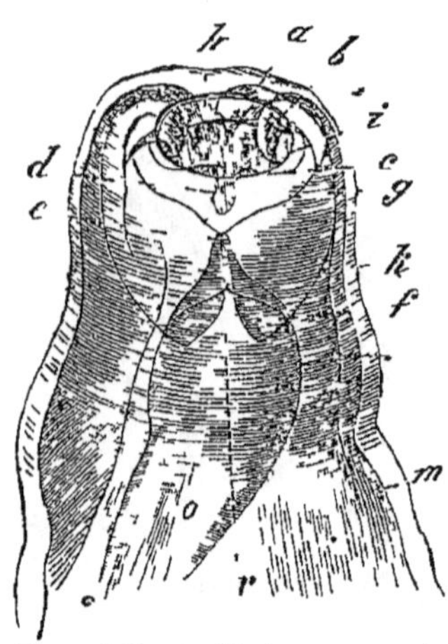

Fig 243 — Extremite ante rieure d'*Uncinaria duode nalis,* vue par la face dorsale *a,* dent interne, *b,* dent externe, *c,* dent conique du bord dorsal

Les parasites en question pondent des œufs, qui sont rejetés au dehors avec les déjections et éclosent dans l'eau boueuse. L'embryon reste dans ce milieu; il y passe à l'état de larve, et celle-ci continue d'y vivre en attendant des circonstances favorables. Amenée dans l'intestin de l'Homme avec des eaux de mauvaise qualité ou avec des aliments souillés par la boue elle y devient adulte et peut y séjourner fort longtemps.

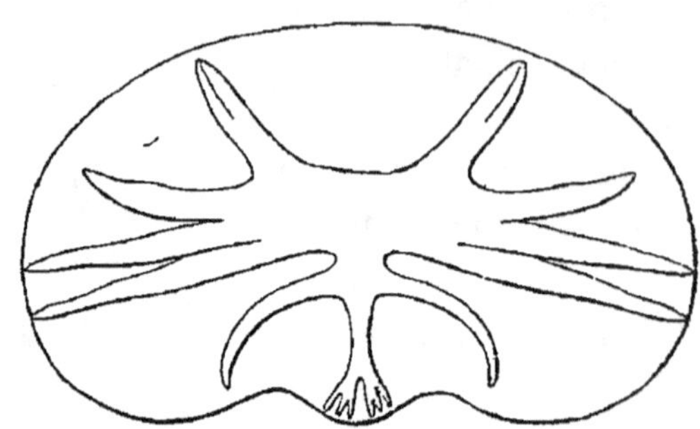

Fig 244 — Bourse caudale d'*Uncinaria duodenalis* figure demi schematique

Telle est en peu de mots l'histoire de cet Helminthe, que l'on connaît encore sous le nom d'*Ankylostome.* Il joue un role considérable dans la pathologie des pays chauds et s'observe également dans les climats tempérés, mais alors il est particulier à certains corps de

métiers. par exemple, aux mineurs, aux briquetiers et aux ouvriers
des rizières. La culture du Riz étant très répandue à Madagascar, nous
croyons utile de signaler d'une façon toute spéciale l'Uncinaire à
l'attention des médecins. Chez les individus atteints d'anémie progressive. on devra examiner avec soin les déjections, et on aura grande
chance d'y trouver ce parasite, qui est bien visible à l'œil nu et qui
cède facilement aux divers anthelminthiques, en particulier au thymol.

Prophylaxie. — Nous devrions encore signaler ici, au nombre des
parasites introduits par l'eau dans l'organisme, l'Ascaride, l'Oxyure,
le Trichocéphale et quelques autres; mais ce sont là des parasites bien
connus, qui se comportent à Madagascar comme partout ailleurs.
Bornons-nous donc à indiquer quelles mesures doivent être prises
en vue d'éviter les maladies d'origine hydrique.

Dans les régions montagneuses, l'eau de source est assez abondante
et est généralement d'excellente qualité; en toute autre contrée, on
devra se méfier des eaux, qui sont souvent insalubres. Sur la cote Est,
par exemple, on ne trouve guère que des eaux souterraines plus ou
moins chargées de matières organiques. Les indigènes savent par
expérience qu'elles ne peuvent être consommées impunément; aussi
ont-ils l'habitude de ne boire jamais que de l'eau bouillie dans la
marmite même qui leur a servi à cuire le riz : un tel breuvage s'appelle
rano-ampanga.

Le colon se trouvera bien d'adopter un pareil usage, c'est-à-dire de
ne boire que de l'eau bouillie. La boisson la plus hygiénique et la plus
agréable sera du thé léger, qui est tout à la fois aromatique, tonique,
astringent et aseptique. La théine ou alcaloïde du thé est un excitant
non moins actif que la caféine; le tannin, qui se dissout en petites
proportions, a une heureuse action sur l'intestin : l'ébullition tue, du
moins en grande partie. les germes de diverses maladies infectieuses
ou parasitaires. Comme on sait, ces germes sont ordinairement micros-
copiques : ils peuvent exister dans l'eau dont l'aspect est le meilleur,
en sorte qu'il y a un danger constant à faire usage de celle-ci sans la
filtrer, ce qui est une complication peu praticable, ou sans la faire
bouillir, précaution qui peut être prise en toutes circonstances.

Puisque nous sommes amenés à parler des boissons, nous ne sau-
rions trop répéter qu'on ne doit faire usage en aucun cas d'alcool sous
aucune forme (cognac. rhum, absinthe, etc.). Le colon qui sera assez

sage pour s'abstenir de ces liquides meurtriers échappera de ce fait à la plupart des maladies qui s'attaquent de préférence aux organismes débilités.

MALADIES DIVERSES

Affections des voies respiratoires. — Elles ne sont ni plus ni moins fréquentes qu'en Europe : la bronchite, la pneumonie s'observent avec leurs symptômes habituels, aussi bien chez les Européens que chez les indigènes. La tuberculose est assez rare chez ces derniers; elle évolue avec une effrayante rapidité chez les blancs qui sont venus d'Europe déjà contaminés : on doit s'opposer absolument au départ de gens atteints de tuberculose. C'est une erreur funeste de croire qu'un pays tel que Madagascar constitue un sanatorium où le phtisique puisse recouvrer la santé.

Affections du foie. — Elles sont plutôt rares. On ne voit guère les grands abcès hépatiques consécutifs à dysenterie; les hépatites sont ordinairement liées au paludisme. En 1897, on a noté 57 cas de congestion du foie sur un total de 7.680 malades : 51 ont guéri et ont pu rester dans l'île; les 6 autres ont été rapatriés. Ce chiffre comprend seulement 7 abcès du foie, et encore 4 des malades venaient-ils d'autres colonies où ils avaient été atteints de dysenterie.

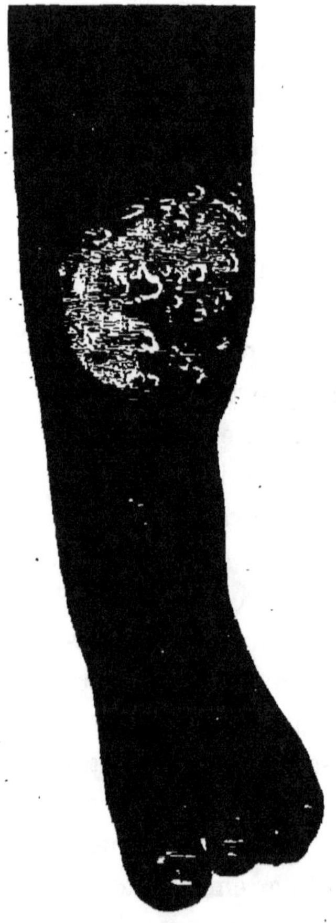

(Cliché du Dr Fontoynont.)

Fig. 245. — Ulcère malgache.

Maladies infectieuses. — La scarlatine, la diphtérie, l'influenza, les oreillons sont rares. La rougeole l'est beaucoup moins. Le rhumatisme articulaire aigu se voit rarement sur la côte, mais devient plus fréquent sur le plateau central. Les maladies vénériennes sont très répandues : elles constituent un danger permanent dont il nous suffira de signaler toute la gravité. Des hôpitaux spéciaux ont été construits récemment pour le traitement des indigènes qui en sont atteints, particulièrement à Itaosy, près Tananarive.

L'*ulcère malgache* (fig. 245 et 246) se développe facilement chez les personnes qui négligent trop les soins de propreté. On ignore encore sa cause, mais nul doute qu'il ne soit causé par un microbe venu de l'extérieur, comme c'est le cas pour des affections similaires qui

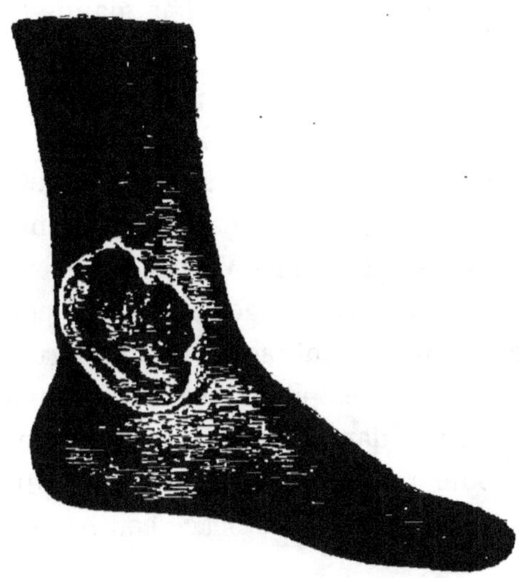

(Cliché du Dr Fontoynont.)

.Fig. 246. — Ulcère malgache évoluant sur un terrain syphilitique (Imerina).

s'observent en Cochinchine et dans beaucoup d'autres pays. Il siège d'ordinaire au pied, entre la cheville et le talon; il débute par une simple ampoule qui crève bientôt; puis la petite plaie s'élargit progressivement et résiste assez longtemps à toute médication. La guérison ne s'obtient qu'à la condition de garder le repos le plus absolu et de panser la plaie avec des antiseptiques.

La *variole* (1) existe partout, principalement en Imerina. L'Européen devra se faire revacciner avant de se rendre à Madagascar ; il n'aura alors rien à craindre de cette redoutable maladie, qui ravage la population indigène. Jusqu'à ces temps derniers, elle avait une recrudescence marquée vers les mois de juin à août, ce qui tenait à cer-

(1) HERVIEUX, La variole à Madagascar. *Bull. de l'Acad. de méd.* (3), XLIII, p. 520, 1900.

taines coutumes religieuses des Hovas. Ceux-ci, en effet, avaient l'habitude, pendant les fêtes de Mamadika, d'ouvrir les tombeaux de leurs ancêtres et de changer les lambas enveloppant les cadavres. Un tel usage a maintes fois engendré de graves épidémies. En 1897, la variole s'est déclarée dans la région d'Antsirabé, environ huit jours après l'exhumation du cadavre d'un varioleux. L'autorité a interdit ces pratiques; il est donc certain que les épidémies seront désormais moins fréquentes. D'ailleurs cet heureux résultat est déjà manifeste, depuis que fonctionne l'Institut Pasteur de Tananarive, dont il sera parlé plus loin.

La *rage* est très répandue à Madagascar; elle y est propagée par les Chiens errants, qui rôdent en bandes dans la brousse et constituent un danger permanent, tant pour les animaux domestiques que pour les voyageurs ou les habitants des campagnes. Ces Chiens attaquent les troupeaux de Bœufs, dévorent les jeunes Veaux, pénètrent nuitamment dans les villages et dévastent les bergeries ou les poulaillers. Les bourjanes isolés sont fréquemment assaillis par eux et l'on a vu plus d'une fois des individus en état d'ivresse. dormant le long des routes, être dévorés. La rage, dans ces conditions, ne pouvait manquer de se répandre dans toute l'île. On doit encore à l'Institut Pasteur de Tananarive d'avoir entrepris une lutte efficace contre ce terrible fléau.

MALADIES PARASITAIRES

La plupart des maladies étudiées jusqu'ici rentrent déjà dans le groupe des maladies parasitaires; il nous faut néanmoins passer en revue un certain nombre de parasites qui méritent une attention particulière.

Ténia de Madagascar. — On connaît sous le nom de *Davainea madagascariensis* un Ténia très remarquable qui, malgré sa dénomination, n'a pas encore été observé à Madagascar, mais n'en est pas moins digne d'être signalé d'une façon toute spéciale. On l'a trouvé tout d'abord à Mayotte, puis à l'île Maurice, au Siam et à la Guyane. Il est très vraisemblable qu'on le rencontrera aussi dans la grande île et il est à souhaiter qu'on nous fasse connaître bientôt les conditions de sa propagation. Autant qu'on peut le conjecturer, il doit passer son jeune âge dans le corps d'un Insecte.

Ce Ver est long de 25 à 30 centimètres et formé de 500 à 600 anneaux ; on le trouve de préférence chez les enfants. Il se distingue en ce que ses anneaux trapézoïdes, c'est-à-dire notablement plus larges que longs, ont tous le pore génital situé d'un seul et même côté. La tête porte à son extrémité une petite cupule qu'on pourrait prendre pour une cinquième ventouse. Les quatre ventouses ordinaires sont peut-être. chez les individus jeunes, armées de petits crochets disposés sur plusieurs rangs concentriques. Ainsi que je l'ai démontré, ce parasite appartient sans conteste à un groupe intéressant, dont la presque totalité des espèces vit exclusivement chez les Oiseaux ; au point de vue purement helminthologique, il constitue donc une véritable curiosité.

Gale. — Cette affection parasitaire est très commune ; elle se transmet facilement à l'Européen. ainsi que les autres dermatoses et notamment la *grosse gale malgache*, qui se présente sous un aspect boutonneux, siège de préférence en certains points particuliers et est, selon toute apparence, due à un parasite spécial. Ces maladies ne résistent pas aux parasiticides usités contre la gale vulgaire.

Chique. — On connaît sous ce nom un Insecte qui est très voisin de la Puce ordinaire, mais se comporte d'une façon bien différente. Originaire de l'Amérique tropicale, il a été transporté sur la côte occidentale d'Afrique à la fin de l'année 1872 ; il s'y est multiplié et s'est promptement répandu dans toutes les régions chaudes du continent africain. Inconnu à Madagascar lors de la conquête, il y a été apporté, voilà moins de deux ans, par les tirailleurs haoussas et sénégalais et s'y est propagé avec une effrayante rapidité. Il compte à l'heure actuelle parmi les pires fléaux de l'île (1).

Fig 247. — Chique femelle, libre et non encore fécondée, très grossie

La Chique *(Sarcopsylla penetrans)* est notablement plus petite que

(1) Presence de la Chique *(Sarcopsylla penetrans)* a Madagascar *Archives de Parasitologie*, ii, p 627, 1899 — La Chique *(Sarcopsylla penetrans)* a Madagascar *Ibidem*, iii, p. 206, 1900.

la Puce vulgaire. Elle vit dans le sable, dans les étables et dans les cases mal tenues, s'attaquant indifféremment à l'Homme et aux animaux. Elle passe sur ceux-ci pour se gorger de leur sang, puis les abandonne, une fois repue, pour sautiller çà et là (fig. 247). Le mâle mène en tout temps cette existence vagabonde, mais la femelle a d'autres mœurs. Quand elle a été fécondée, elle s'enfonce dans la peau et y disparaît tout entière, laissant derrière elle un petit pertuis par

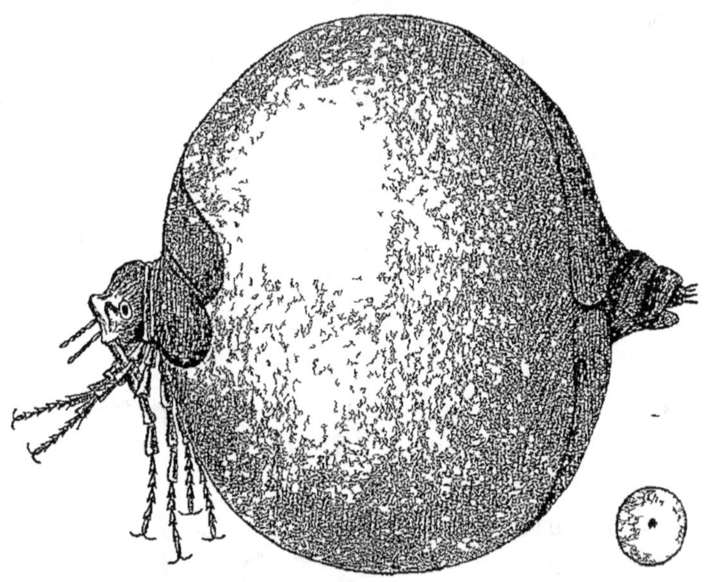

Fig. 248 — Chique femelle, telle qu'elle se présente dans la peau. A droite et en bas, individu de grandeur naturelle L'autre figure est grossie

où son appareil respiratoire reste en relation avec l'atmosphère. Elle se nourrit des sucs exsudés autour d'elle et provoque une irritation plus ou moins vive qui s'accompagne de violentes démangeaisons. Elle reste là assez longtemps, jusqu'à ce que ses œufs soient formés : ceux-ci s'accumulent dans son abdomen, qui se distend progressivement, au point d'acquérir la taille d'une groseille, les parties antérieures du corps, c'est-à-dire la tête et le thorax, ne subissant aucun changement de volume (fig. 248).

A mesure que le parasite grossit, l'inflammation qu'il détermine gagne en étendue et s'accompagne trop souvent d'accidents plus ou moins graves, qui tiennent à l'infection de la petite tumeur par des microbes venus du dehors. C'est ainsi qu'on voit apparaître de la lymphangite, de la suppuration |et d'autres accidents divers. Normalement il se forme autour du parasite un abcès qui est destiné à provoquer son expulsion, mais qui peut gagner les parties voisines et provoquer la gangrène, le tétanos ou la chute des orteils (fig. 249 et 250).

De tels accidents ne se voient que très rarement dans les pays où la Chique est commune, parce que les gens qui vivent en ces contrées, sachant de quel danger ils sont constamment menacés, ont bien soin d'examiner chaque jour les divers points du corps où la Chique se fixe de préférence, particulièrement les pieds, et d'extirper aussitôt tout parasite dont ils décèlent la présence. A Madagascar, on a pris rapidement cette même habitude, mais au début les accidents étaient graves et nombreux. On ne doit donc pas négliger d'examiner attentivement, matin et soir, les pieds, les jambes et les autres parties du corps qui ont pu être en contact avec le sol, et de procéder à l'*échiquage*, au moyen d'une épingle ou d'une lame de canif : un simple pansement antiseptique, par exemple à l'eau boriquée, sera suffisant pour amener une prompte cicatrisation de la petite plaie.

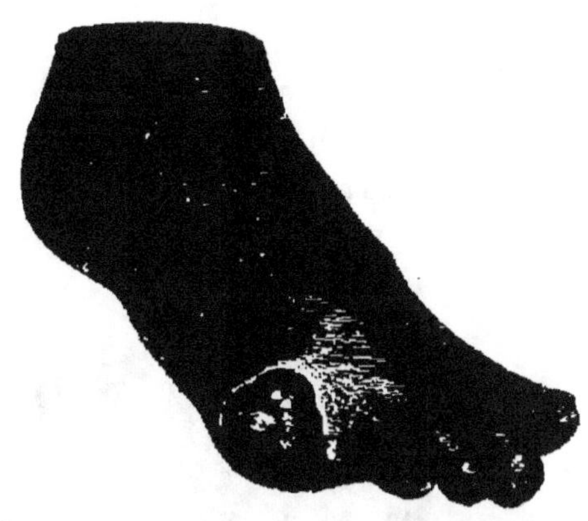

(Cliché du Dr Fontoyoni).

Fig. 249. — Amputation spontanée du petit orteil, par gangrène consécutive à des Chiques (Imerina)

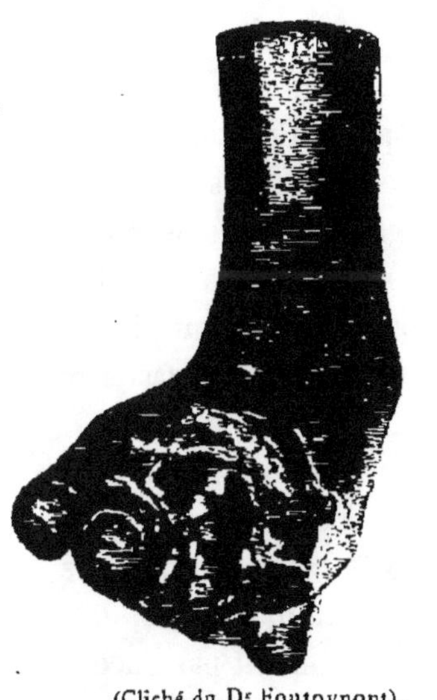

(Cliché du Dr Fontoynont).

Fig. 250. — Lésions du pied causées par des Chiques.

Mycétome. — On appelle *mycétome* ou *pied de Madura* une grave affection du pied qui semble ne pas être rare à Madagascar, à en juger d'après des documents qui nous ont été transmis par le Dr Fontoynont (fig. 251). Cette maladie n'a longtemps été connue qu'aux Indes, mais on sait maintenant qu'elle existe en bien d'autres endroits, par exemple au Sénégal, en Algérie, à Djibouti, en Abyssinie et même en Amérique et en Italie. On connaît actuellement deux variétés qui sont, à vrai dire, des maladies distinctes.

Le mycétome siège presque exclusivement au pied. Il est constitué

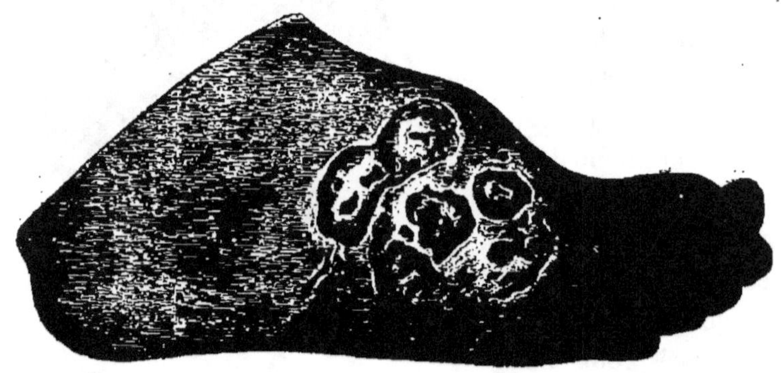

Fig. 251. — Mycétome (Imerina).

par une tumeur qui envahit aussi bien la peau que les parties profondes et présente à sa surface une série d'orifices laissant suinter un liquide purulent dans lequel se trouvent dès grains blancs ou noirs, suivant la variété. Ces grains, qui sont caractéristiques de la maladie, sont formés de filaments mycéliens, c'est-à-dire par un Champignon très inférieur. Il s'agit donc là d'une mycose ou affection parasitaire causée par un Champignon.

La tumeur s'étend de proche en proche avec une rapidité plus ou moins grande ; elle n'a aucune tendance à guérir spontanément, mais présente cette heureuse particularité d'être locale et de ne point se généraliser. Contrairement à ce qui arrive pour l'actinomycose, qui est une affection assez voisine du mycétome, on ne connaît pas encore pour celui-ci de médicament spécifique : aussi l'intervention chirurgicale est-elle toujours nécessaire. Très simple quand la maladie en est à son début, elle exige une opération beaucoup plus grave, telle que l'amputation du pied, quand celui-ci est envahi dans la plus grande partie de son étendue.

Des faits très précis montrent que le mycétome se développe à la suite d'une déchirure de la peau, par un piquant d'Acacia ou de plantes analogues : c'est donc sur les végétaux que vit normalement. à l'état de saprophyte, le Champignon qui, introduit de la sorte dans les tissus de l'Homme, va pouvoir y continuer son existence, tout en provoquant la formation d une tumeur parasitaire. De cette notion découle la nécessité de ne pas marcher pieds nus au milieu des broussailles.

ALIMENTS TOXIQUES

On ne sait encore rien de bien précis au sujet des plantes indigènes dont les fruits ou les racines. ingeiés par l'Homme. peuvent déterminer des intoxications. On sait en revanche qu'il existe sur les cotes un certain nombre de Poissons dont la chair peut causer des accidents plus ou moins graves. Ces animaux ne sont nullement particuliers à Madagascar. mais se rencontrent dans bien d autres regions de l'Océan Indien. On désigne sous le nom de *siguatera* les accidents qui résultent de leur absorption · ils reconnaissent pour cause une leucomaine, véritable alcaloide animal qui siège en permanence dans les organes ou au contraire ne s'y accumule qu à certaines époques de l année, dans ce dernier cas, sa presence coincide avec l activité sexuelle

Les Tétrodons, ces Poissons bizarres qui ressemblent à une enorme châtaigne hérissée de longues et puissantes epines, ont cause plus d'une fois de graves accidents au Cap de Bonne-Esperance, en Nouvelle-Calédonie, en Chine et surtout au Japon. Ils frequentent la cote malgache et méritent d'être signales d'une façon toute spéciale.

D autres Poissons d un aspect moins étrange doivent egalement être mentionnés ici, parce que leur ingestion est tout aussi dangereuse que celle des précédents. Tels sont : *Meletta venenosa. Dussumieria acuta, Spratella fimbriata* et *Sphyræna barracuda.* Les trois premiers appartiennent à l ordre des Physostomes et sont assez voisins de nos Harengs et de nos Sardines , le dernier est un Acanthoptérygien.

Le riz est la base de l alimentation du Malgache, mais on consomme aussi une certaine quantité de mais. Toutefois, la pellagre est inconnue à Madagascar, ce qui tient sans doute à ce que le mais est toujours mangé en grains ; on n en fait pas de farine, comme en Italie.

ANIMAUX VENIMEUX

Il n'existe à Madagascar aucun Serpent venimeux, mais on y trouve des Scorpions (*maingoka*), des Scolopendres (*trambo*) et des Araignées dont la piqûre peut être dangereuse. Parmi ces dernières, nous devons citer *Latrodectus menavodi*, dont la femelle atteint une longueur de 12 millimètres. Cette espèce est répandue partout, mais est surtout abondante dans la forêt d'Alanamasoatrao : on l'appelle *Vancoho* dans le Sud et *Menavodi*, c'est-à-dire cul-rouge, à l'Est et en Imerina. Sa morsure produit, dit-on, la mort chez l'Homme et chez les animaux. Sa toile est établie dans les herbes et les indigènes évitent d'y toucher ; ils regardent cette Araignée comme *fady*, c'est-à dire comme une chose sacrée et défendue. Il est vraisemblable que cette croyance est exagérée, car on trouve aux environs de Tananarive une autre espèce très voisine, souvent même plus grosse, mais que les Hovas ne redoutent pas.

Sur les cotes vivent un certain nombre de Poissons venimeux, que le pêcheur peut rencontrer dans ses filets ou que le baigneur peut fouler aux pieds, car certains d'entre eux s'abritent dans les anfractuosités des rochers. Ce sont *Plotosus lineatus*, parmi les Physostomes ; *Pterois muricata*, *Synanceia brachio*, *Scorpæna scrofa* ainsi que plusieurs espèces d'*Acanthurus* et d'*Amphacanthus* parmi les Acanthoptérygiens. Ces Poissons possèdent des épines acérées qui communiquent avec des glandes à venin enfoncées dans la peau et qui siègent soit à la nageoire dorsale, soit sur les ouies, soit encore au voisinage de l'anus.

Dans les rivières de la cote Sud-Est, vit le *Hintana*, Poisson de couleur pourpre, orné de bandes plus sombres qui descendent du dos sous le ventre. Il se tient généralement dans les herbes, où il passe inaperçu. Il porte quatre longues épines, deux derrière les ouies, une autre sur la nageoire dorsale, la dernière sous la racine de la queue. Chacune de ces épines est en rapport avec un appareil venimeux. Est-on piqué par l'une d'elles, on souffre pendant plusieurs heures et les parties voisines de la piqûre deviennent le siège d'une tuméfaction notable. A cela se bornent les accidents et il ne semble pas que la piqûre puisse être mortelle. Les indigènes la traitent par des applications de feuilles de Citronnier sauvage. Les pêcheurs ont soin de couper les épines dès que l'animal est capturé, exactement comme on le fait chez nous pour la Vive qui cause des accidents tout à fait analogues.

Nous ne pouvons que signaler tous ces êtres dangereux, qui mériteraient une plus longue étude (1).

Bien que. à proprement parler, ils ne soient pas venimeux, nous ne pouvons passer sous silence d'autres animaux qui sont fort désagréables. sinon dangereux. Nous mentionnerons tout d abord les *Mokafohys*, petits Moucherons qui volent pendant le jour, piquent jusqu'au sang et disparaissent au coucher du soleil. cedant la place aux terribles Moustiques dont il a été question plus haut Les *Mokafohys* sont. selon toute apparence, des *Simulium* ou des *Bibio*. Ils infectent principalement le Boeni et le Betsiriry.

Les Sangsues terrestres abondent dans les forêts. notamment dans le Nord. Elles se comportent exactement de la même façon que celles de Ceylan, de l Indo-Chine, de la Malaisie, du Japon et des Philippines. Il est d'ailleurs à remarquer qu'elles appartiennent exactement aux mêmes genres que dans ces divers pays . on y trouve des *Hæmadipsa*, des *Philæmon*. des *Planobdella*, mais représentées par des espèces différentes. Leur nom malgache est *linta*, comme en malais.

Enfin signalons le *Variry*, Poisson de mer encore indéterminé. Son corps est argenté et couvert de petites ecailles. sa mâchoire inférieure est proéminente et plus longue que la supérieure; toutes deux sont armées de dents très aigues. Ce Poisson mord cruellement, quand on le retire des filets. Le *Voioka* est un Poisson de rivière de couleur brune, tacheté. à peau rugueuse et à nez pointu; il porte derrière les ouies deux membranes tranchantes qui coupent comme des rasoirs.

ENSEIGNEMENT MÉDICAL, OEUVRES D ASSISTANCE
INSTITUT PASTEUR

Malgré la brièveté des aperçus qui précèdent, on voit que Madagascar est un pays des plus intéressants au point de vue médical. Non seulement il importe que les médecins européens qui s'en vont dans

____

(1) R BLANCHARD, *Traite de Zoologie medicale* Paris, 2 vol in 8°, 1885 1889 cf II p 673 684 et 691

la grande île soient instruits des maladies qu'ils y rencontreront, mais il est nécessaire aussi que les indigènes abandonnent leurs pratiques de sorcellerie et soient appelés à un enseignement médical véritablement scientifique.

C'est dans cette pensée que le général Gallieni, Gouverneur général de la colonie, a créé à Tananarive une Ecole de médecine indigène, par un arrête en date du 11 décembre 1896 ; cinq jours plus tard, il fondait un hôpital devant servir de clinique à l'Ecole. Ces deux institutions furent inaugurées le 16 février 1897. Depuis lors, l'École de médecine a fonctionné de la façon la plus régulière et l'on peut dire que, grâce à l'activité de son savant Directeur, M. le Dʳ Jourdran, elle a donné des résultats qui dépassent toute attente.

Le corps enseignant comprend sept professeurs. dont deux médecins civils (l'un d'eux est un Malgache) et cinq médecins ou pharmaciens des colonies. Les études durent cinq années, au bout desquelles les étudiants qui ont subi avec succès leurs éxamens, reçoivent le diplome de Docteur en médecine à titre indigène. En vue de développer cette institution et de lui recruter des démonstrateurs ou professeurs suppléants d'une instruction suffisante, quelques-uns des meilleurs élèves sont envoyés en France, notamment à Montpellier, pour y compléter leur éducation et y acquérir le diplome français.

La création de l'Ecole de médecine de Tananarive a été le point de départ d'un grand nombre de mesures de la plus haute utilité. Par exemple, un arrêté du 15 octobre 1900 instituait un corps de médecins de colonisation, destiné à donner l'assistance médicale aux indigènes, à procéder aux vaccinations et à renseigner le Gouvernement sur l'état général de la santé publique. Disséminés dans les diverses régions de l'île, ces médecins de colonisation sont, on le conçoit, appelés à rendre les plus grands services au point de vue de l'hygiène publique ; ils aideront puissamment au relèvement intellectuel et moral des indigènes et seront ainsi les meilleurs agents de propagation de l'influence française.

Nous voudrions pouvoir citer encore tout ce que le gouvernement éclairé du général Gallieni a fait pour le développement des œuvres d'assistance : création d'hopitaux, tournées de vaccination, institution de cours pour les sage-femmes indigènes, consultations gratuites et distributions de médicaments, etc. Ce sont là des entreprises qui. accomplies en si peu de temps et avec tant de clairvoyance, font le plus grand honneur à l'initiative éclairée du Gouverneur général et assurent le 'bien-être des populations. Nous devons pourtant dire encore quelques mots de l'Institut Pasteur qui, lui aussi, rend des services inappréciables.

Dès 1898 fut décidée la création d'un Institut Pasteur à Tananarive. Les travaux commencèrent en mai 1899, furent achevés en septembre et l'établissement fonctionna dès le 3 novembre; l'inauguration eut lieu le 23 mars 1900.

L'Insitut Pasteur de Tananarive est situé à 40 minutes de la ville, dans un site agréable, au milieu des eaux courantes et de la verdure. Il comprend les mêmes services que les grands Instituts de Paris et de Lille, mais sur une échelle beaucoup plus restreinte. On y fait les inoculations antirabiques; on y prépare le vaccin antivarioleux et anticharbonneux; on y fait également des recherches bactériologiques pour le compte des médecins et des particuliers, ainsi que des études méthodiques sur les fermentations. M. le Dr Thiroux, médecin major de deuxième classe des troupes coloniales, est le directeur de cet Institut, dont il a su faire d'emblée un centre scientifique de grande importance. Quand son installation sera plus parfaite et qu'il aura pu former des aides habiles et expérimentés, son action bienfaisante, déjà si appréciable, se fera sentir encore plus, pour le bien-être général.

En effet, est-il besoin de dire que l'Institut Pasteur est appelé à exercer une influence considérable sur l'amélioration des conditions sanitaires de l'Homme et du bétail? Au prix de difficultés très grandes, vaincues avec une habileté digne des plus grands éloges, le Dr Thiroux a pu fixer le vaccin sur les Génisses de Madagascar, avec lesquelles on n'obtenait jusqu'alors que des résultats incertains; il a pu, de même, introduire dans l'île le vaccin antirabique, malgré des difficultés techniques que seuls peuvent apprécier les bactériologistes de profession: ce sont là des bienfaits qui disent tout le mérite du savant qui dirige l'Institut Pasteur avec tant de talent. On doit encore attendre de sa science d'autres services non moins éminents, et ses études sur les Levures permettront l'installation à Madagascar de diverses industries qui seront un jour la richesse de ce pays.

BIBLIOGRAPHIE

Depuis que ces conférences ont eu lieu, deux élèves malgaches de l'Université de Paris ont obtenu le titre de Docteur en médecine après soutenance de thèses remarquables. qu'on pourra consulter avec intérêt :

G. RAMISIRAY, *Pratiques et croyances médicales des Malgaches* Paris, 1901.

RADAFINÉ, *Étude sur l'alcoolisme à Madagascar avant la conquête française.* Paris, 1901.

9 782012 967588